EDITION
AVICENNA

Wenn sich die Türen des Guten öffnen

Maulana Scheich Mohammed Osman,
Cassida 14, 26

Erfahrungen deutscher Sufis

zusammengestellt von
Abdul Fatah Franz Langenkamp

EDITION AVICENNA MÜNCHEN

Umschlaggestaltung: Claudia Radig-Willy
Layout: Sead Mujić
Fotos:
Ibrahim Singer/ Tür am Haus von Hadscha
Zainab in Khartum
Norbert Plugge / Hadra in Schnede
Druck und Bindung Lokay, Reinheim

ISBN 3-9809384-3-3

Für meine Mutter

Inhaltsverzeichnis

Die Reise zum Scheich 13

Islamische Mystiker in der Lüneburger Heide 13
Wenn du in der Nacht zu deinem Freund kommst 36
Was heißt ahlan? 37
Your plane is in the air 38
Islam und Alltag vereinen, wie geht das? 48
Was ist Sufismus? 49
Ich war angekommen 51

Unruhig ist unser Herz 59

Ich habe ihnen die Sehnsucht gegeben 59
Das Wasser sucht den Durstenden 60
Bei Meiner Wahrheit in dir 61
Eine sprudelnde Quelle 63
Die blaue Kette 64
The sadness 68
Es ist gut, dass es mich gibt 70
Die fließenden Gaben 72

I came from the south ... 77
Mit drei Worten ... 80
Der Yogi in der Eishöhle ... 86

Wie die Scheichs lehren ... 93

Wer hat die bessere Handschrift? ... 94
De Coeur ... 97
Die Nase des Esels ... 98
Der Islam ist nicht streng ... 99
Sie haben ja ein Ticket von gestern ... 102
Aufrechter Gang ... 106
Wenn du es machst,
dann schaffst du es ... 108
Stationen einer Rückkehr ... 110
Das Feuer des Streites ... 114
Was ist Dhikr? ... 119
Ihr seid Meine Freunde ... 120
Allah hat mir befohlen bei euch zu sein ... 120
Drei Stufen ... 121
Geburtshelfer ... 121
Wir waren nicht getrennt ... 122

Zeichen, überall Zeichen? ... 125

Bodenlos ... 126
Willst du immer missionieren? ... 127

Na und? 132
Das Herz hat seine Gründe 133
Oh meine Verunsicherung,
sei ewig bei mir! 143
Der Schafscherer 144
Der Wasserträger 146
Die Absicht 147
Behinderung ist ein Schutz von Allah 148
Wo möchtest du begraben sein? 150
Ich bin umgezogen 160
Dann gehe ich wieder zur
ägyptischen Eisenbahn 162

Die Reise zu Allah 167

Wer Sidi Abul Hassan besuchen will 167
Bevor man zum Hadsch geht 181
Hier ist auch Hadsch 205
Mein Diener nähert sich Mir 206
Wähle gut die Liebe,
für die du sterben willst 207
Allah hat Sehnsucht nach dir 208
Anmerkungen 211
Koran-Stellen und Hadithe 215
Glossar 216
Personenverzeichnis 219
Über die Verehrung des Propheten
Mohammed und der Heiligen 223

Sure 93, Ad-Duha

Im Namen Gottes,
des Gnädigen, des Barmherzigen.

Beim Vormittag
Und bei der Nacht, wenn sie am stillsten ist,
Dein Herr hat dich nicht verlassen
und verabscheut dich nicht.
Wahrlich, jede Stunde, die kommt,
wird besser für dich sein als die,
die ihr vorausging.
Und fürwahr, dein Herr wird dir geben
und du wirst wohlzufrieden sein.
Fand Er dich nicht als Waise
und gab dir Obdach?
Er fand dich irrend und führte dich richtig.
Und Er fand dich in Armut
und machte dich reich.
Darum bedrücke nicht die Waise
Und schilt nicht den Bettler

Und verkünde die Gnade deines Herrn.

Die Reise zum Scheich

Sei in der Welt wie ein Fremder,
oder wie einer, der einen Weg zurücklegt.

(Ausspruch des Propheten Mohammed,
Gottes Segen und Frieden sei mit ihm
An-Nawawi, Hadith 40)

Islamische Mystiker in der Lüneburger Heide

Mir fehlte anscheinend nichts. Ich hatte einen guten Beruf, eine Familie mit Kindern, Gesundheit, ein paar Freunde und Bekannte, sozusagen rundum gesicherte Verhältnisse. Trotzdem begann ich intensiv nach etwas zu suchen. Ich beschäftigte mich unter anderem mit Yoga und Zen-Buddhismus und nahm an verschiedenen Kursen teil.

Eines Tages fiel mir ein Prospekt in die Hände, der mich seltsam berührte: »Islamische Mystiker in der Lüneburger Heide.« Ich rief an, ich fuhr hin und fand an einem sonnigen Nachmittag im August ein Haus mitten im Wald, das weiß und rot durch die Bäume leuchtete, und ich dachte sofort: Das ist mein Elternhaus, das ist meine Heimat. In meiner Kindheit hatte ich tatsäch-

lich in einem ähnlichen Haus gewohnt.
Ich traf viele freundliche, ja glückliche Menschen. Es wurden niedrige Tische nach draußen getragen, Teppiche und Decken. Ich war sofort mit einbezogen und half mit. Dann wurde draußen gegessen, anschließend gab es drinnen einen Vortrag über Sufismus, über den Gehorsam und das Vertrauen zum Scheich, dem spirituellen Führer. Ich ließ mich vor allem von der Stimmung tragen, der Vortrag interessierte mich wenig, auch nicht die kritischen Fragen einiger Zuhörer.
Danach ging man in einen anderen, abgedunkelten Raum, zur *Hadra*, wie es hieß. Es ertönte eine orientalische Musik, dazu beugte man sich rhythmisch vor und zurück. Ich fühlte mich mit allen Menschen im Raum vertraut und verbunden, obwohl ich vor ein paar Stunden noch keinen von ihnen gesehen hatte. Nach der *Hadra* saß ich die halbe Nacht auf der Treppe und in der Küche, in angenehme Gespräche vertieft. Ich war von diesem ersten Abend so beeindruckt, dass ich eine Abmachung traf: Ich würde kurz nach Hause fahren und in ein paar Tagen wiederkommen, um den Rest meines Urlaubs hier in dem Haus, in Haus Schnede, zu verbringen.
Ich lernte dann in Schnede das Leben der *Burhanis* kennen. *Burhaniya* - so heißt der Sufi-Orden, dem sie angehörten. Man betete fünfmal täglich, wie es im *Islam* vorgeschrieben ist. Ich betete mit, wenn ich gerade zur Gebetszeit bei der Moschee vorbeikam.
»Moschee« nannte man den ehemaligen Salon des Hau-

ses, der jetzt mit Teppichboden ausgelegt war.
Die *Burhanis* sprachen nur mit Liebe und Verehrung von ihrem Scheich. Sie sagten mir, das Wissen, das der Prophet Mohammed dem engsten Kreis seiner Gefährten anvertraute, werde durch eine ununterbrochene Überlieferungskette bis in unsere Zeit getragen und durch den Scheich an seine Schüler weitergegeben. Die Burhaniya unterscheide sich von anderen Sufi-Wegen durch die Art und die Menge der *Aurad*, das heißt spezieller geistiger Übungen. Das sind ausgesuchte Verse, die gelesen oder auswendig wiederholt werden und das Fortschreiten auf dem geistigen Weg fördern sollen.
Ich ließ mir die *Aurad* erklären: Morgens und nachmittags spricht man eine bestimmte Anzahl von Gebetsversen, z. B. hundertmal »Bismillah irrahman irrahim« – »Im Namen Gottes, des Allergnädigsten und Allerbarmherzigsten«. Ich bekam eine Gebetskette, ähnlich einem Rosenkranz, und machte die Übungen gerne mit. Ich arbeitete im Garten und genoss weiterhin die entspannte Atmosphäre im Haus und die vielen neuen Kontakte. In kurzer Zeit schloss ich viele neue Freundschaften. Fast alle, die in Haus Schnede verkehrten, waren *Burhanis*, Mitglieder der Sufi-Gemeinschaft *Tariqa Burhaniya*. Sie waren mir so vertraut, dass es mir natürlich schien, sie als Brüder und Schwestern zu betrachten. Und an einem Morgen trat ich selbst in die *Tariqa* ein. Ich ging zu einem jungen Mann, mit dem ich mich gut verstand, und erklärte ihm

meine Absicht, Mitglied der *Burhaniya* werden zu wollen. Er sprach die *Fatiha*, die erste Sure, die »Eröffnende«. Er bat die Scheichs für mich um Schutz und Führung auf dem Sufi-Weg. Dann gratulierte er mir, das war alles. Keine Unterschrift, kein Gelübde.
Nach dem Urlaub fing ich wieder mit meiner Arbeit an und fuhr möglichst oft am Wochenende in das Haus in der Lüneburger Heide. Aber allmählich stieg in mir ein immer stärker werdender Ärger auf. Es waren Gedanken wie: Warum gibt es so etwas im *Islam* und im Christentum nicht? Ich will Christ bleiben, ich will meine Religion nicht wechseln. Ich war früher ein gläubiger Christ, und was daran gut war, das will ich nicht wegwerfen. Ich will niemals einer Religion angehören, die so grausame Strafen wie das Händeabhacken bei Diebstahl befiehlt. Vor allem will ich nicht zu einer Religion gehören, die den Terrorismus fördert. Vorsichtig versuchte ich mit Einzelnen über meinen Ärger zu sprechen. Ich erinnere mich, dass ich mit einem Bruder redete, der als ein ziemlich streitbarer Typ bekannt war. Ich sagte, ich wolle nicht zu einer Religion gehören, die den Heiligen Krieg verlange. Er erwiderte: »Hast du noch nicht gemerkt, dass die Medien in Europa ein völlig falsches Bild vom *Islam* verbreiten? Und wie heißt das letzte Wort in unserem ‚*Fundament*'?« – »O Gott, wir bitten Dich, segne unseren Herrn Mohammed und seine Angehörigen und gib ihnen Frieden.« Ich musste zugeben, dass das, was ich in diesem Haus erlebte, überhaupt nicht mit mei-

nem Bild des *Islam* übereinstimmte.
Wenn der *Islam* im Prinzip nicht gewalttätig war, nicht auf Zwang basierte, müsste es dann nicht möglich sein, dass ich der Gemeinschaft des Ordens angehörte, die *Auradübungen* weiterhin machte und trotzdem Christ blieb? Diese Frage stellte ich immer wieder verschiedenen Leuten. Schließlich sagten mir zwei Brüder: »Also, wenn du in der *Tariqa* sein und trotzdem Christ bleiben willst, dann gibt es nur einen Rat: Fahr hin zum Scheich nach Khartum und frag ihn um Erlaubnis. Maulana Scheich ist sehr großzügig.«
Ich sagte: »Ich kann doch nicht so einfach zum Scheich gehen, ich kenne ihn doch überhaupt nicht, ich bin ganz neu in der *Tariqa*.« Ich merkte aber, als ich das sagte, dass ich den Scheich gerne sehen würde, dass ich ihm vertraute, ja, dass ich ihn liebte, obwohl ich nur ein Foto von ihm gesehen hatte. Der eine Bruder sagte: »Du hast die Zeit, du hast das Geld, also warum fährst du nicht?«
In den nächsten Tagen spürte ich deutlicher, dass ich eine Sehnsucht hatte, zum Scheich fahren zu dürfen, dass ich mich aber nicht traute. Ich glaubte eine Erlaubnis bekommen zu müssen.
Ein paar Tage später sprach mich der andere Bruder an: »Also, wenn du immer noch nicht weißt, ob du hinfahren darfst, dann mach doch das Koran-Orakel: Geh in die Moschee, erkläre deine Absicht, dass du wissen willst, ob du fahren darfst, sprich ein Bittgebet und dann schlag den Koran auf. Was rechts oben steht,

wird dir die Antwort geben.«
Ich tat, wie man mir gesagt hatte, schlug den Koran auf und las:
Sure 14 Ibrahim: *Allah ist es, der die Himmel und die Erde erschuf und Wasser nieder regnen ließ von den Wolken und damit Früchte hervorbrachte zu eurem Unterhalt, und Er hat euch die Schiffe dienstbar gemacht, dass sie das Meer durchsegeln nach Seinem Gebot, und Er hat euch die Flüsse dienstbar gemacht.*
Ich verstand sofort und dachte: Schiffe oder Flugzeuge, das ist egal. Außerdem stand dort der Name Ibrahim, der Name des Scheichs.
Aber sofort danach kamen mir Gedanken wie: So etwas Verrücktes! Jetzt glaubst du schon an Orakel! Und das hast du doch immer als Spinnerei abgelehnt!
Ich verließ die Moschee. Der erste Mensch, dem ich begegnete, war eine gute Bekannte, ebenfalls Mitglied der *Burhaniya*. Ich hielt sie an und erzählte ihr, bewegt, wie ich war, was mir in der Moschee passiert war. Sie sah mich an und sagte: »Jetzt hast du eine einmalige Chance, jetzt solltest du fahren. Wer weiß, wann du wieder eine solche Chance bekommst.« Ich spürte, dass sie Recht hatte, und erwiderte nichts.

Ahlan, ahlan

Ich begann mit den Vorbereitungen zur Reise. Im Oktober hatte ich zehn Tage Urlaub, es war nicht mehr viel Zeit bis dahin. Ich musste meinen Reisepass verlängern lassen. Für den Sudan benötigte ich ein Visum, aber die Brüder sagten mir: »Es dauert mindestens sechs Wochen, bis du das Visum von der Botschaft bekommst, du musst einfach hinfliegen und am Flughafen sagen: ‚Ein Visum ist für mich hier hinterlegt worden.' Wir werden versuchen mit Khartum Kontakt aufzunehmen.« - Das war damals, 1983, nicht so einfach wie heute. - Ich bereitete mich in wenigen Tagen intensiv vor und besorgte mir sogar noch einen Sprachführer für Arabisch, durch den ich ein paar Redewendungen lernte, ohne die Schrift kennen zu müssen. Ich tat das alles sehr zielstrebig, obwohl mein Verstand nicht aufhörte, Einwände zu machen.

Das wurde anders, als ich im Flugzeug saß. Von da an hatte ich für ein paar Tage die uneingeschränkte innere Gewissheit, das Richtige zu tun. In Kairo in der Wartehalle sah ich schon mehrere Männer und Frauen in typisch sudanesischer Tracht: Die Männer in schneeweißen *Ghalabias* und zum Teil mit weißem Turban, die Frauen ähnlich wie Inderinnen in farbenfrohe Tücher gehüllt, nicht verschleiert, sondern nur ein Ende des Tuchs lose über den Kopf gelegt. Beide, Männer und Frauen, fielen mir durch die Gelassenheit in den Bewegungen auf, die Frauen durch eine faszinierende Ruhe und Schönheit. Ich schaute, ob ich einen *Burhani* erkennen würde, vielleicht an der Gebetskette, aber es war wohl keiner da.

Im Flugzeug von Kairo nach Khartum - es startete kurz

nach Mitternacht - saß ich neben einem Italiener. Er hieß Angelo und ich stellte mich ihm scherzhaft als Francesco vor; wir freundeten uns ein bisschen an.
Das Flugzeug landete um 2.30 Uhr, und als wir ausstiegen, merkte ich sofort, dass wir mitten in Afrika waren. Ich spürte die Wärme, ich spürte den Staub, auch im Flughafengebäude.
Dann kam die Passkontrolle. Ich sagte meinen Spruch: »Ein Visum ist für mich hier hinterlegt worden.« Der Beamte ging nach hinten und kam zurück: Da sei kein Visum. Ein zweiter Beamter ging nach hinten und kam ebenfalls ohne Visum zurück. Ich wiederholte immer dasselbe.
Schließlich kam aus dem hinteren Büro ein Mann in weißer *Ghalabia*, offenbar ein Vorgesetzter, und fragte mich, was ich im Sudan wolle. Ich sagte, ich wolle Maulana Scheich Ibrahim besuchen, den Sohn von Maulana Scheich Mohammed Osman. Er fragte, ob ich auch das Grabmal von Scheich Mohammed Osman besuchen wolle. Ich sagte ja. Das schien ihn zu beeindrucken, er sah mich an, überlegte kurz und sagte dann: »Lassen Sie mir Ihren Pass hier. Kommen Sie morgen wieder, dann haben Sie ein Visum.« Damit konnte ich die Kontrolle passieren.
Der Italiener hatte auf mich gewartet; ich dachte, jetzt sei alles in Ordnung, denn in Schnede hatte man mir versichert: »Maulana Scheich Ibrahim und Maulana Scheich Mohammed Osman, die kennt jeder in Khartum.«

Aber der Taxifahrer zuckte nur die Achseln, und auch seine Kollegen wussten anscheinend nicht, wohin man mich bringen sollte. Ich hatte als Adresse nur eine Telefonnummer und eine Postfachnummer, keinen Straßennamen. Also, wir versuchten anzurufen.
Im Flughafen, außerhalb der Sperre, wo wir uns jetzt befanden, gab es eine einzige Möglichkeit zu telefonieren, und zwar an der Theke, wo ein Mann das Telefon bedienen sollte. Der Mann aber lag hinter seiner Theke auf einer Matte und schlief. Der Taxifahrer brachte es auch durch mehrmaliges Rütteln nicht fertig den Mann zu wecken. Also fuhr man gemeinsam zu einem Hotel, der Italiener fand sein Zimmer, und der Taxifahrer versuchte von der Rezeption aus die gesuchte Adresse zu erkunden. Schließlich hatte er Erfolg. Er sagte: »Jetzt weiß ich, wo ich hin muss.« Dann fuhren wir weit hinaus über staubige Straßen, mal sah man freies Feld, eigentlich Wüste, mal wieder einzelne Häuser, erstaunlicher Weise sah man in Abständen immer Straßenlaternen, immer wieder sah man einzelne Männer mit weit ausgreifendem Schritt durch die Dunkelheit gehen. Mehrmals musste der Fahrer stark abbremsen, denn anscheinend war die Kanalisation, die dort die Straße unterquerte, eingebrochen. Ich sah einzelne Häuser und oft vor den Häusern Männer auf Betten sitzen oder liegen. Manche Grundstücke waren von einer hohen Mauer umgeben, die oft mit Stacheldraht bewehrt war. Schließlich kamen wir an ein solches eingezäuntes Grundstück. Die Mauer war nicht

weiß, sondern in einem ganz lichten Hellblau gestrichen. Das dreieckige Grundstück lag in einer Straßenga-belung und an der Spitze befand sich ein Tor.
Der Fahrer ging darauf zu und klopfte - einmal, zweimal, nichts tat sich. Dann ging er zu einem Seiteneingang. Er klopfte, und sofort öffnete sich die Tür. Ich sah eine alte schwarz gekleidete Frau. Sie forderte mich auf herein zu kommen und sagte: »Ahlan, ahlan - willkommen, willkommen.«
Ich spürte eine solche Freundlichkeit, ich merkte, dass ich so vorbehaltlos und ohne Bedingungen aufgenommen wurde, wie ich das noch nie erlebt hatte. Diese Begegnung werde ich nie vergessen.
Im Innenhof standen viele Betten, auf denen junge Männer schliefen. Sie weckte alle auf, es wurde Tee gekocht, eine Art Klimaanlage wurde eingeschaltet, die jungen Männer rückten zu mir und versuchten sich mit mir zu unterhalten.
Ich erfuhr, dass dies das Haus von Maulana Scheich Mohammed Osman war. Die alte Frau war Hadscha Zainab, seine Witwe. Das Tor an der Spitze des Grundstücks war sein Tor und seit seinem Tode, seit einem halben Jahr, nicht mehr benutzt worden. Wir saßen in seinem Wohn-, Arbeits- und Empfangszimmer, in dem auch sein Bett stand. Es war ein länglicher hoher Raum, der, wie mir schien, später an das relativ kleine Haus angebaut worden war. Sehr hoch an den Wänden hingen große Fotos, die Maulana Scheich in verschiedenen Zeiten seines Lebens zeigten.

Die Zeit verging, man hörte den Ruf zum Morgengebet von einer nahegelegenen Moschee. Ich erwartete, dass die Männer in die Moschee eilen würden; stattdessen betete man im Hause. Als das Gebet beendet war, stand Hadscha Zainab im Zimmer. Sie stand in Gebetsrichtung, hob die Hände, sah mich an und zeigte mir dadurch unmissverständlich, dass ich auch beten sollte. Ich sagte: »I am not yet muslim.« Als Antwort stellte sie sich noch einmal in Gebetsrichtung hin. Da sah ich ein, dass ich ihr folgen musste. Ich wusste, wie das Gebet geht, ich kannte die *Fatiha*, die erste Sure, und noch zwei, drei Suren auswendig. Also betete ich.
Dann endlich kam das Gespräch darauf, weshalb ich überhaupt gekommen war, nämlich Scheich Ibrahim um Erlaubnis zu bitten, Christ bleiben zu dürfen. Scheich Ibrahim, sagte man mir, war nicht in Khartum, sondern auf dem Weg nach Kairo. Außerdem, eine Nachricht, dass ich nach Khartum kommen wolle, war hier nicht angekommen.

Der Maqam

Man überlegte, wo ich bleiben könnte, und brachte mich schließlich zum »General«, einem wohlhabenden Sudanesen, der jetzt aber einen zivilen Beruf ausübte. Er besaß zwei nebeneinander liegende Häuser. Das eine, in dem ich dann fast alleine wohnte, stammte offensichtlich aus der Kolonialzeit. Mir gefiel die große

überdachte Terrasse, von der drei Stufen zu einem quadratischen Garten mit einigen Bäumen führten. Die Bäume wirkten gepflegt und wurden gewässert, im übrigen war der Boden festgetreten.
Nachts stand mein Bett auf dieser Terrasse, und jeden Nachmittag, wenn der Hausherr von seinem Dienst zurück kam, speiste ich dort mit ihm. Ich genoss die sudanesische Gastfreundschaft, die Gespräche mit meinem Gastgeber, das sehr abwechslungsreiche orientalische Essen. Mein Gastgeber holte einen jungen Mann mit Namen Mohammed Ismael, der mir tagsüber die Stadt zeigen sollte. Maulana Scheich hatte ihn im Traum auf diesen jungen Mann hingewiesen.
Ich erinnere mich, dass wir in der Stadt an einen Stand kamen, an dem ein Mann frisch gepressten gekühlten Obstsaft verkaufte. Mohammed lud mich zu einem Glas Saft ein, und ich wusste, dass ich die Einladung nicht ablehnen durfte, um ihn nicht zu beleidigen. Ich trank also den Saft, obwohl mir klar war, dass man gerade das in den heißen Ländern vermeiden soll.
Jeden Nachmittag kam mein Gastgeber, wie gesagt, von der Arbeit zurück. Wir aßen zusammen. Danach fuhr er mit mir zum Haus von Hadscha Zainab. In ihrem Haus machte er die Waschung für das Gebet und fragte sie, ob sie mitfahren wolle zum *Maqam*. Manchmal fuhr sie mit, manchmal nicht. Wir kamen jedes Mal kurz vor dem Gebetsruf auf dem Platz bei dem *Maqam* an. Auf dem Sandplatz waren schon einige sudanesische Männer versammelt. Teils standen sie im

Gespräch zusammen, teils saßen sie auf den ausgerollten Strohmatten und warteten auf das Gebet.
Dann betete ich zwischen den sudanesichen Männern, als einziger Europäer, aber ich fühlte mich nicht fremd, sondern im Gegenteil völlig zugehörig. Danach ging ich meistens zum *Maqam*.
An der Seite des Sandplatzes stand auf einer kleinen Erhebung eine kleine Moschee. Im Innenraum, der etwa neun mal neun Meter maß, befand sich in der Mitte der *Maqam*, das Grabmal des verstorbenen Scheichs. »*Maqam*« heißt Grabstätte, bezeichnet aber auch die Stufe, den Rang in der unsichtbaren Welt. Ich sah einen großen länglichen Kasten, der ganz mit grünen Tüchern bedeckt war. Das Holzgitter, das heute den Sarkophag umzäunt, war damals noch nicht vorhanden. Ein Duft von Sandelholz erfüllte den schwach beleuchteten Raum.
Ein paar Männer saßen an den Wänden und machten ihre Übungen mit der Gebetskette, andere gingen langsam um den *Maqam* herum und küssten die Tücher.
Ich sah sofort: Sie besuchten hier ihren Scheich, mit großer Verehrung und Liebe. Ich machte es ihnen nach. An der Kopfseite des *Maqams*, erkennbar durch den Turban des Scheichs, standen ein paar Schüsseln mit Wasser auf dem Boden, darin schwammen einige Schalen einer Frucht, ähnlich wie harte Kürbisschalen. Jeder, der vorbeikam, trank daraus, auch ich; ich wunderte mich über mich selbst, ich hatte keine Angst vor

einer Infektion. Dann blieb man noch draußen bis zum Nachtgebet, und es war sehr angenehm, in der lauen Nacht im Freien zu sein und zu beten.

Eine Entscheidung wird fällig

Mehrere Tage folgte mein Tagesablauf dem gleichen Muster: Haus des Generals, Stadtbesuch, Haus von Hadscha Zainab, *Maqam*.

Dann, ich weiß noch, es war Mittwoch, bekam ich plötzlich Rückenschmerzen, die sich im Lauf des Tages immer mehr verstärkten. Es wurde mir bewusst, dass ich, so angenehm das Leben hier auch war, in Gefahr stand, den Zweck meiner Reise zu verfehlen: Ich wollte ja Scheich Ibrahim eine für mich wichtige Frage stellen: Kann ich Sufi sein und trotzdem Christ bleiben?

Am späten Nachmittag kam der General zurück und fragte mich mit einem leisen Lächeln, ob er mit mir zum Arzt gehen solle. Ich ärgerte mich über ihn, denn wir beide, er und ich, wussten genau, dass ein Arztbesuch in diesem Falle nur Zeitverlust war. Wir fuhren wie üblich zum *Maqam*, die Schmerzen wurden nicht besser, sondern immer schlimmer. Ich spürte klar einen Zusammenhang mit der Frage, die sich mir jetzt aufdrängte und die nicht mehr abzuweisen war: Ich hatte hier nur Gutes gesehen vom *Islam* und ich merkte, dass ich sehr gerne mit den anderen zusammen betete. Mir ging ein Satz nicht aus dem Sinn, der lautete: »Nachdem so viele Beweise zu euch gekommen sind, wie könnt ihr da leugnen?«[1] Und wenn ich an meine Rückkehr nach Hause dachte: Gegenüber einigen Menschen würde mein Schritt einen endgültigen Bruch bedeuten, aber den Bruch hatte ich eigentlich schon vorher vollzogen. Schon einmal in meinem Leben war ich in Gefahr gewesen, ein Außenseiter zu werden, und der Gedanke, dass dies wieder geschehen könnte, beunruhigte mich. Aber letzten Endes, was bedeutete das gegenüber der Wahrheit?

Ich war in Grübeleien versunken, als mein junger Freund, der mich immer in die Stadt begleitet hatte, mit einem älteren Mann zu mir kam. Offensichtlich wollten beide mir helfen. Als sie mit mir redeten, fing ich an zu weinen, was ihnen beiden nicht gefiel. Der ältere sagte mir, ich solle zweiundneunzigmal die Sure Al Inschirah lesen. Diesen Vorschlag lehnte ich sofort innerlich ab, denn es kam mir jetzt sowieso schon sehr viel vor, was ich an *Auradübungen* machte. So blieb die Begegnung unbefriedigend.

Der junge Mann fuhr bei der Rückkehr dieses Mal mit zum Haus des Generals, und als wir auf »meiner« Terrasse waren, machte er den Vorschlag, ich solle bei ihm zu Hause schlafen, weil er sich offensichtlich Sorgen um meinen Zustand machte. Aber der General sagte ganz einfach nein und wendete sich dann an mich: »All the sheichs will spend the night with you. – Alle Scheichs werden die Nacht mit dir verbringen.«

Als beide gegangen waren, versuchte ich zu schlafen, aber ich merkte, dass das bei meinen Rückenschmer-

zen unmöglich war.
Und dann war da noch der kleine Hund, der immerfort jaulte. Zu Füßen der Terrasse, auf der mein Bett stand, war, wie gesagt, ein kleiner Garten, und in einer Ecke befand sich ein kleiner Schuppen, in dem hatte die Familie offenbar in unserer Abwesenheit den kleinen Hund untergebracht, den ich am Tage in Haus und Garten gesehen hatte. Die Kinder des Generals hatten sich einen Hund von draußen, von der Straße, geholt und führten ihn an einem Bindfaden den ganzen Tag durch Haus und Garten.
Der General sagte dazu: »Die Kinder lieben den kleinen Hund; von der Religion aus gesehen ist es allerdings unbeliebt, sich einen Hund zu halten, wenn man ihn nicht für einen bestimmten Zweck braucht.« Er schien seinen Kindern nicht sofort ihre kleine Freude nehmen zu wollen.
Verwilderte Hunde gab es im Sudan in größerer Zahl, damals jedenfalls. Weil ich diese schmutzigen Tiere gesehen hatte, verstand ich, dass sie dort als ein Symbol für niedere, verächtliche Eigenschaften galten.
Die Großmutter kam vom Nachbarhaus und holte den kleinen Hund. Und als es dann still war, erschrak ich plötzlich. Ich hatte den Eindruck, die Scheichs sind wirklich da und warten auf mich, sie warten anscheinend, dass ich ja zum Islam sage. Irgendwo da, wo der Übergang vom Garten zum Innenhof des Nachbarhauses war, sah ich ein helles Licht. Ich befürchtete den Verstand zu verlieren.

Ich merkte, die Notwendigkeit einer Entscheidung wurde dringender. Eine Zeitlang versuchte ich nicht an das Problem zu denken. Dann dachte ich: Wenn die Scheichs jetzt auf mich warten, dann wollen sie jetzt eine Entscheidung von mir, und dann will ich mich entscheiden. Ich gelobte innerlich: Morgen früh, wenn der junge Mann kommt, will ich bei ihm das islamische Glaubensbekenntnis sprechen. Schlagartig waren meine Rückenschmerzen verschwunden und ich konnte einschlafen.

Am nächsten Morgen tauchte plötzlich der Diener auf, mit dem kleinen Hund auf dem Arm. Der Hund war tot, der Diener brachte ihn nach draußen. Kurz danach kam der General zu mir - sonst hatte ich ihn morgens nie gesehen - und fragte mich: »What happened? Any visions?« Ich war nicht gerade höflich zu ihm und sagte: »Man soll nicht über alles sprechen.« Doch dann fügte ich hinzu: »Gleich, wenn Mohammed Ismael kommt, will ich die *Schahada*, das islamische Glaubensbekenntnis, sprechen.« Darüber war er sehr glücklich, das sah man ihm an. Während ich auf Mohammed Ismael wartete, merkte ich, dass auch ich sehr glücklich war.

Endlich kam Mohammed Ismael, ich sprach das Glaubensbekenntnis: »Ich bekenne, es gibt keine Gottheiten außer Gott, und ich bekenne, Mohammed ist ein Gesandter Allahs.« Er erklärte mir einiges zu Gebet und Waschung. Wir fuhren schon am frühen Nachmittag zum *Maqam*. Ich erzählte ihm von dem Hund und er sagte: »Just one dog killed.« Dann erzählte er mir, als er in die *Tariqa* eingetreten sei, habe er am nächsten Morgen auf dem Platz vor seinem Haus viele tote Hunde gefunden. Er gestand mir noch, er sei vorher Alkoholiker gewesen, was man jetzt, wenn man ihn sah, kaum glauben konnte.

Am *Maqam* traf ich nur wenige Männer; alle gratulierten mir und baten mich, für sie Fürbitten zu sprechen, was mir ganz seltsam vorkam. Jetzt, am Anfang des Weges, hätte ich besonders viel Segenskraft, sagten sie.

Am Abend, es war Donnerstag, kamen viel mehr Männer als sonst am *Maqam* zusammen, denn es war der *Hadra*-Abend. Es kam das Abendgebet, es kam das Nachtgebet, dann wurden Lautsprecher und Mikrofon aufgestellt und ich erlebte noch einmal, jetzt in Khartum, eine *Hadra*. Auf dem Platz standen in vier Reihen die Männer in ihren weißen Gewän-dern. Im Rhythmus des »ALL-LAH, ALL-LAH« schwangen sie nach links und nach rechts mit wunderbar fließenden Bewegungen, und ich stand mitten unter ihnen! Ich war vollkommen glücklich: Die herrliche Nacht, das sanfte Schwingen und dazu der Sänger, der mit seiner Stimme die Herzen zum Himmel emportragen konnte. Er stimmte an auf einem Ton, hielt ihn sehr lange und begann erst mit der Melodie, wenn man dachte, er könne keinen Atem mehr haben. Im Wechsel mit dem Sänger sang der Chor hinter ihm die Refrains zu seinem Lied. Die Konzentration auf Bewegung und Atem, die völlige Hingabe – alles war wunderbar leicht. Ich spürte: Wir waren zusammengekommen mit nur einem Ziel: Gottes zu gedenken und uns Ihm zu nähern.

Die *Hadra* war zu Ende; wir setzten uns nieder, es wurden große Tabletts mit heißem Milchtee gebracht. Auch am Rande des Platzes sah ich Menschen in Gruppen zusammen sitzen, auch sie teilhaftig des Segens. Es war, wie der Prophet Mohammed, Gottes Segen und Frieden auf ihm, gesagt hat: »Nie versammeln sich Menschen um Gottes zu gedenken, ohne dass die Engel sie mit ihren Flügeln beschützend umgeben, Gottes Barmherzigkeit sie bedeckt und Seine friedvolle Gegenwart auf sie herabkommt. Gott Selbst gedenkt ihrer inmitten derer, die bei Ihm sind[2].«

Der *Dhikr* und die Gesänge klangen noch in mir nach, ich saß im Kreis von Sudanesen an einem der Tabletts. Ein Bruder kam zu mir und nahm mich bei der Hand: »Du hast noch eineinhalb Stunden Zeit zum Schlafen, dann fahre ich dich zum Flughafen.«

Kairo

Da fiel mir wieder ein, dass am Nachmittag die Brüder mein Ticket mitgenommen hatten, um meinen Flug umzubuchen. Sie sagten: »Maulana Scheich Ibrahim ist jetzt in Kairo, du kannst ihn dort treffen.« Und das wollte ich ja auch. Dann brachte mich ein Bruder, der sehr gut Deutsch sprach, zum Flughafen, und zum Abschied sagte er mir: »In Kairo musst du dem Taxifahrer sagen, du willst zur Moschee von Saidnal Hussein. Und wenn du dort ankommst, kannst du eben deinen Koffer am Treffpunkt der *Burhanis* neben der Moschee abgeben, sonst gar nichts, nicht duschen, nichts dergleichen, du gehst sofort zu Saidnal Hussein, denn er ist das Tor zum Propheten Mohammed, Gottes Segen und Frieden sei mit ihm.«

Am Flughafen in Kairo sagte ich zu dem Taxifahrer: »Saidnal Hussein.« Er fragte zurück: »Hilton? Sheraton?« Ich wiederholte: »Saidnal Hussein.« Er sah mich ungläubig an. Als ich noch einmal wiederholte: »Saidnal Hussein!«, fuhr er endlich los, mit einer Miene, als wolle er sagen: »Na ja, du wirst ja sehen, was du davon hast.«

Auf dem Platz vor der großen Moschee bekam ich einen leisen Schrecken: Das Gewimmel von Menschen, Geräusche, Gerüche, die Armut, der Schmutz. Mit Anzug und Krawatte, den Koffer in der Hand, kam ich mir fremd und fehl am Platz vor. Ich bog in die Gasse ein, die an der Seite der großen Moschee entlang führt. Mein Blick fiel auf die Wand der Moschee. In einer Nische sah ich eine Frau in einem gelb-grün-weiß gestreiften Gewand. Sie hatte Pappdeckel auf dem Boden ausgebreitet und um sich herum Plastiktüten versammelt. Es schien, als hätte sie dort übernachtet. Dann erst sah ich: Sie betete. Völlig unbehelligt von dem Gewühl der Menschen und dem Lärm um sie herum. Ich musste seufzen.

Ich wendete mich der Häuserfront auf der gegenü-

berliegenden Straßenseite zu, um nach der *Zauwiya*, dem Treffpunkt der *Burhanis*, zu suchen. Da im ersten Stock musste sie eigentlich sein, nach dem, was man mir in Khartum gesagt hatte. Ich ging in einen dunklen Hauseingang und eine Treppe hinauf und kam richtig bei den *Burhanis* an. Ich bat meinen Koffer abstellen zu dürfen und fragte, ob mich jemand zum *Maqam* von Saidnal Hussein begleiten könne.
Endlich fand sich jemand. »Heute gehen die Schüler mit ihren Lehrern zum *Maqam*«, sagte er auf Englisch zu mir. Ich wunderte mich: Drinnen sah ich keine Schüler. Ich hatte Schulklassen erwartet, wohl von meinem Beruf her. War er der Lehrer und ich sein Schüler?
Er zeigte mir alles, den *Maqam*, den großen Hauptraum der Moschee, die Tür zu dem Zimmer, in dem der Koran aufbewahrt wird, den Saidna Osman, der dritte Khalif, eigenhändig geschrieben hat.
Ich kann mich nicht mehr an alles erinnern, was an diesem Tage passiert ist. Am Nachmittag konnte ich Maulana Scheich Ibrahim begrüßen. Ich sagte zu ihm: »Seit gestern bin ich Muslim.« Er schien davon gar nicht überrascht zu sein und blickte über meine Schulter hinweg, als würde er hinter mir jemand sehen, und sagte, ich solle möglichst viele Schutzgebete lesen. Mehr Worte fielen nicht bei dieser ersten Begegnung. Es war auch nicht nötig, denn es gab keinen Zweifel: Er war mein Scheich, mein Führer auf dem geistigen Weg. Er war mir schon längst völlig vertraut.

Danach hatte ich das Bedürfnis, ein bisschen allein durch die Altstadt zu gehen. Ich war selig vor Glück, und es war nicht zu unterscheiden, kam mein Glück durch meinen Eintritt in den *Islam*, durch die Begegnung mit Maulana Scheich Ibrahim oder durch die Nähe der Moschee von Saidnal Hussein. Es lag ein Vibrieren in der Luft, das war etwas anderes als der Lärm. Ich sah den unglaublichen Verkehr. Ich nahm nur Menschen wahr, die sich ebenfalls in einem Zustand erhöhter Wachheit und Energie zu befinden schienen. Zum Beispiel fuhren junge Burschen auf Fahrrädern, einen Berg von Fladenbroten auf dem Kopf balancierend, zwischen Bussen und Lkws und wechselten ohne Probleme die Fahrspur.

Ich drang weiter in die engen Gassen der Altstadt vor und kam an eine eingestürzte Moschee. Es waren Männer mit Vermessungsarbeiten beschäftigt. Einer war offenbar der Architekt. Ich fragte ihn, ob dies eine alte Moschee sei. Er sagte nein, sie stamme aus dem vorigen Jahrhundert, aber die Regierung wolle sie wieder aufbauen lassen. Wir kamen weiter ins Gespräch, und ich erzählte ihm von meiner Reise und ihrem Anlass. Am Schluss sagte ich: »Und jetzt weiß ich nicht, welches die bessere Religion ist, das Christentum oder der *Islam*.« Da sah er mich erstaunt an und sagte: »Du erzählst mir solche Sachen und du bist nicht überzeugt? Du bist überzeugt! –You are convinced!« Und so war es auch. Ich erinnerte mich an das Gebet in der Moschee von Saidnal Hussein. Es lag erst wenige Stunden zurück. Ich betete dort in einer Reihe mit vielen Männern, manche orientalisch, manche europäisch gekleidet. Ich warf mich zusammen mit ihnen nieder, und es war ganz selbstverständlich: Ich war Muslim.

Die Erleichterung

Als ich in Khartum die starken Rückenschmerzen hatte, sollte ich die Sure Al Inschirah lesen. Damals habe ich mich geweigert. Jetzt ist sie mir sehr lieb geworden. Sie lautet in ihrer ungefähren Bedeutung:

Im Namen Gottes,
des Gnädigen,
des Barmherzigen,
Haben Wir dir nicht deine Brust geweitet
Und dir abgenommen deine Last,
Die dir den Rücken niederwuchtete,
Und haben Wir nicht dein Ansehen erhöht?
Also, wahrlich,
mit der Drangsal kommt die Erleichterung,
Wahrlich,
mit der Drangsal kommt die Erleichterung.
Wenn du nun entlastet bist, mühe dich eifrig.
Und deinem Herrn widme dich ganz. (94:1-8)

Wenn du in der Nacht zu deinem Freund kommst

Vier Jahre, nachdem ich zum ersten Mal in Hadscha Zainabs Haus aufgenommen wurde, fuhr ich wieder nach Khartum, dieses Mal zur *Hauliya*, zu dem großen Fest, das jedes Jahr Anfang April zur Erinnerung an Maulana Scheich Mohammed Osman gefeiert wird.

Wieder kam das Flugzeug um drei Uhr in Khartum an. Im Flughafen von Kairo hatte ich eine Schwester aus der *Tariqa* mit ihrer erwachsenen Tochter getroffen, und wir fuhren zusammen zum Haus von Hadscha Zainab. Der Taxifahrer setzte uns draußen ab auf der staubigen Straße. Ich ging zu der Tür an der Seite, dem Fraueneingang, und klopfte – nichts. Ich klopfte noch einmal, etwas stärker – wieder nichts. Ich sagte: »Ich mag jetzt nicht noch einmal klopfen, ich mag die alte Frau nicht noch einmal aus dem Schlaf holen.« Wir hockten uns auf unsere Koffer, Fatima, ihre Tochter Eva und ich. Es war sehr unbequem draußen.

Da hörten wir plötzlich ein Geräusch. Es ging »Taptap, Taptap, Taptap«, man hörte etwas wie Schritte auf Sand, die Schritte kamen näher, und man sah nichts! Dann tauchten im Licht der Straßenlaterne zwei Polizisten zu Pferde auf, und wir waren etwas erleichtert. Sie hielten an und fragten, was wir da machten. Ich sagte, wir wollten nicht das ganze Haus aufwecken, sondern bis zum Hellwerden draußen warten. Die Un-

terhaltung war etwas schwierig, weil die Polizisten wenig Englisch verstanden. Schließlich mischte sich Eva ein, die ein bisschen Arabisch sprach.
Einer von den Polizisten zitierte einen Ausspruch des Propheten Mohammed: »Wenn du in der Nacht zu deinem Freund kommst und findest ihn schlafend, dann sollst du ihn wecken.« Da ging ich noch einmal zur Tür, klopfte, Hadscha Zainab öffnete die Tür, und es war wie beim ersten Mal.

Was heißt ahlan?

Und noch einige Jahre später, im Sommer 1999, wohnte Maulana Scheich Ibrahim für ein paar Tage im Haus Schnede in der Lüneburger Heide.
Eines Morgens, ich stand gerade auf dem Rasen vor dem Haus, sprach mich ein junger Sudanese an. Er war nach Deutschland gekommen, um ein Praktikum in der sudanesischen Botschaft zu machen, so erzählte er mir. Er war dienstlich mit dem Zug unterwegs gewesen und war in Lüneburg ausgestiegen, warum, das wusste er selbst nicht. Von dort hatten ihn dann *Burhanis* mitgenommen nach Schnede. Er war aufs Äußerste überrascht, hier deutsche Mitglieder einer *Tariqa* zu treffen und wollte von mir genau wissen, wie ich zur *Tariqa* gekommen sei. Ich erzählte ihm ausführlich, wie Hadscha Zainab mich willkommen geheißen hatte. Als ich fertig war, sagte er: »Wissen Sie,

das Wort ‚ahlan[3]' heißt eigentlich mehr als ‚willkommen', es heißt: Du bist bei deiner Familie angekommen. ‚Ahl' heißt ‚Familie'.« – Oft verstehen wir nur stückweise, wie groß das Geschenk ist, das wir bekommen haben.

Your plane is in the air

Meine erste Reise nach Khartum war im Oktober 1983. Danach fuhr ich in den Jahren 1984/85 dreimal kurz nacheinander nach Kairo und traf dort Maulana Scheich Ibrahim.

Bei meiner ersten Reise nach Khartum hatte ich einen Piloten kennen gelernt, der auch in der *Tariqa* war. Er machte mir das Angebot: Wenn du noch einmal in den Sudan kommst, dann nehme ich dich mit in den Süden, in den Busch, zu den Elefanten. Ich war noch ganz neu in der *Tariqa*. Das Angebot reizte mich sehr. Ich hatte zwar von Aufständen im Süden gehört, aber ich nahm das nicht so ernst, es hieß auch, es sei ein Waffenstillstand geschlossen worden. Ich ließ mich gegen Gelbfieber impfen, weil das vorgeschrieben war.

Ich hatte mich im Sudan bei der *Tariqa* angemeldet. Eine Schwester kam aus dem Sudan zurück nach Deutschland und rief mich an. Sie habe mir von Maulana Scheich Ibrahim zu bestellen, er sei nicht in Khartum, sondern in Kairo, dort könne ich ihn treffen. Ich dachte: »Gut, ich habe vierzehn Tage, eine Woche blei be ich bei Maulana Scheich in Kairo, dann fliege ich in den sudanesischen Busch.«

Als die eine Woche um war, wollte ich nach Khartum fliegen. Die ägyptischen Brüder sagten zu mir: »Verabschiede dich von Maulana Scheich Ibrahim, das gehört sich so.« Ich ging zu Scheich Ibrahim und sagte, ich wolle jetzt nach Khartum fliegen. Maulana Scheich fragte ganz erstaunt: »Khartum? Willst du den *Maqam* von Scheich Mohammed Osman besuchen?« Ich sagte: »Nein. Ich will mit dem Piloten in den sudanesischen Busch fliegen.« Maulana Scheich: »Mh.«

Dann entstand plötzlich Hektik: Die ägyptischen Brüder hatten zwei deutsche *Burhanis* zum Flughafen zu bringen, die nach Frankfurt zurückfliegen wollten. Mein Flug nach Khartum ging zwar deutlich später. Aber sie wollten später noch andere mit dem gleichen Auto zum Flughafen transportieren, auch einen älteren Herrn mit Namen Mohammed Nuba. Mein Koffer passte dummerweise nicht mehr ins Auto, sie sagten: »Den lassen wir hier, wir bringen ihn mit, wenn wir mit Herrn Nuba zum Flughafen kommen.« Am Flughafen setzten sie mich ab und zeigten mir, wo ich auf Herrn Nuba warten sollte. Die deutschen Brüder verabschiedeten sich von mir in ziemlicher Eile.

Nun hatte ich also zu warten. Ich setzte mich in einer Wartehalle so, dass ich den Gang mit den Abfertigungsschaltern sehen konnte. An den Wänden standen weiße Plastikstühle, die Sitzfläche als Schale ausgebildet. Im letzen Moment erkannte ich, dass einige Schalen voll Wasser standen – es hatte heftig geregnet und der Regen war an dieser Stelle durch das Dach getropft. Ich setzte mich auf einen trockenen Stuhl und behielt die gefüllten Schalen neben mir im Auge: Mehrmals konnte ich Passagiere davor bewahren, sich ins Nasse zu setzen.

Ich war ruhig und ausgeglichen. Ich hatte eine Woche in der Nähe meines Scheichs verbracht. Die Zeit war für mich eine Bestätigung, dass ich ihm als meinem spirituellen Führer folgen wollte. Ich achtete auf die Sitzschalen neben mir, ich achtete auf den Durchgang zur Sperre, ich konzentrierte mich auf meine *Auradübungen*. Dabei wiederholte ich mehrmals einen Vers aus einem Bittgebet, das von Saidna Ali stammt: »Allah, Du hast von den Geschöpfen, was Du willst, und sie haben von Dir nur, was Du willst.«

Der Abflugszeitpunkt rückte immer näher, ich sah keinen Herrn Nuba. Auf einmal wurde ich unruhig. War Herr Nuba doch unbemerkt von mir durch die Sperre gegangen? Hatte er meinen Koffer mit oder nicht? Es waren noch zwölf Minuten bis zur Abflugszeit. Ich ging zum Schalter, holte mir eine Bordkarte und ging dann zur Sperre. Der Beamte sagte: »Your plane is in the air - Ihr Flugzeug ist in der Luft.« Ich war empört – das konnte doch nicht sein – zehn Minuten vor der Zeit! Der Beamte sagte: »Sie können dort zum Büro der Fluggesellschaft gehen und den Flug umbuchen.«

Was dann passierte, erlebte ich wie im Film. Vor dem

Büro der Fluggesellschaft stand eine riesige Menschenschlange. Da dachte ich, es sei vielleicht besser, erst mal zur *Zauwiya* zurückzufahren. Ich ging aus dem Gebäude und bekam sofort ein Taxi. Auf dem Flughafengelände kamen immer wieder verzweifelte Reisende auf das Taxi zugelaufen, sie winkten dem Taxifahrer, ja fast sprangen sie vor das Auto, aber er fuhr weiter und setzte mich bei der *Zauwiya* ab. Ich ging die Treppe hinauf, und – da stand mein Koffer. Die ägyptischen Brüder nahmen mich in Empfang und führten mich sogleich in den Salon, den schönsten Raum. Da war gerade das Essen aufgetragen, wie üblich auf dem Boden, ein reiches Mahl. Es war gerade noch ein Platz frei, direkt neben Maulana. Mit rotem Kopf hockte ich mich dort hin. Maulana Scheich sagte überhaupt nichts, er aß. Nach einiger Zeit habe ich dann auch mitgegessen.

Ich blieb in Kairo in der Nähe von Maulana Scheich. Nach ein paar Tagen habe ich mich bei ihm entschuldigt, dass ich von ihm weg wollte. Er sagte: »Macht nichts.« Und er fragte noch, ob ich mir das Geld für die nicht genutzte Teilstrecke zurückgeben lassen wolle. Das tat ich dann auch.

Karkadeh

Ein paar Monate später flog ich noch einmal zu Maulana Scheich Ibrahim nach Kairo, zusammen mit einem Bruder, der sich Abdul Ghafur nannte. Ich hatte ihm davon erzählt, wie ich in Kairo sozusagen festgehalten wurde und nicht in den sudanesischen Busch geflogen war. Seltsamerweise beunruhigte ihn das sehr. Ich glaube, während der ganzen Tour hatte er Angst, gegen seinen Willen »eingefangen« zu werden. Wir begrüßten Maulana Scheich und wurden dann von ihm zu den Grabmälern von Sidi Ibrahim Disuq und von Sidi Ahmad al Badauwi geschickt.

Bei den Sufis ist es üblich, die Gräber von Heiligen zu besuchen. Man ehrt dadurch den Heiligen und bekommt – vielleicht nicht immer das, worum man gerade bittet – aber reichlich von dem Segen des Heiligen und Unterstützung für den Weg zu Allah, denn der Weg zu Allah, das ist der Sufi-Weg.

Die beiden Gräber liegen nördlich von Kairo im Nildelta. Wir waren eine Gruppe von fünf Deutschen, dazu ein ägyptischer Führer und ein Fahrer. Wir besuchten das Grab von Sidi Ibrahim Disuq, und sofort, als wir den Raum mit der riesigen Kuppel betraten, fing einer von uns furchtbar an zu weinen. Ägyptische Brüder gaben dazu den Kommentar: »Manchmal ist Sidi Ibrahim nicht zu Hause.« Ich war davon nicht sonderlich beeindruckt. Ich wollte ein bisschen für mich sein und meine Ruhe haben. In dem großen Raum gibt es zwei *Maqams*, in der Mitte den von Sidi Ibrahim und am Rand den *Maqam* von Sidi Musa Abul Umran, dem Bruder von Sidi Ibrahim. Dort fühlte ich mich hingezogen, setzte mich in eine Nische und begann meine *Auradübungen*.

Dann besuchten wir in einer anderen Stadt, in Tanta, das Grab von Sidi Ahmad al Badauwi. Dort empfand ich eine sehr friedliche Stimmung, alle waren anscheinend sehr glücklich, nur Abdul Ghafur, auf einmal fiel es uns auf, war verschwunden, seit einer halben Stunde hatte ihn keiner mehr gesehen. Wir gingen nach draußen zu einem Imbiss-Stand; dann war er auf einmal wieder da. Auf die Frage, wo er gewesen sei, antwortete er nicht. Er schien ziemlich benommen zu sein und wir ließen ihn in Ruhe.

Nach Kairo zurückgekehrt, lieferte uns unser Führer sozusagen bei Maulana wieder ab. Er hatte große Angst ausgestanden, als Abdul Ghafur verschwunden war. Maulana Scheich wendete sich an mich und fragte: »Abdul Fatah, hast du Sidi Ibrahim getroffen?« Ich erschrak bei der Frage. Ich bekam eine Ahnung davon, dass Maulana Scheich mehr sieht und weiß, als ich dachte. Es war, als sei er mitgereist. Ich sagte: »Maulana, ich weiß es nicht.« Dann fragte er Abdul Ghafur: »Und du, hast du Sidi Ahmad getroffen?« Geradezu entsetzt antwortete er ziemlich laut: »Nein, nein!« Nach einer kurzen Pause sagte Maulana leise: »Doch, du hast ihn getroffen.« Maulana saß im Sessel, Abdul Ghafur hockte vor ihm auf dem Boden und schüttelte den

Kopf. Nach einer Weile sagte Maulana leise: »Not yes, not no.« Das klang bedauernd und schien mir eine Beschreibung des Zustands zu sein, in dem sich Abdul Ghafur befand.

Dann kam die Abreise. Ein älterer ägyptischer Bruder hatte uns gebeten, in unserem Reisegepäck eine Menge Sachen mitzunehmen für einen Ägypter, der in Deutschland ein Restaurant betrieb. Ich war einverstanden, Abdul Ghafur war dagegen, aber schließlich fügte er sich, eine Menge Pakete in Plastiktüten in seinen Koffer zu nehmen. Wir kamen an die Gepäckkontrolle, unsere Koffer wurden geröntgt und sofort beiseite gestellt. Wir wurden gefragt: »Was haben Sie in Ihren Koffern?« - »Unsere persönlichen Reiseutensilien.« – »Und sonst nichts?« – »Wir haben ein paar Pakete für ein ägyptisches Restaurant.« Die beiden Kontrolleure waren freundlich, schienen aber misstrauisch zu sein.

Auf einmal sah ich, dass Abdul Ghafur regelrecht zitterte. Offenbar hatte er große Angst. Der Beamte forderte mich auf: »Öffnen Sie mal dieses Paket!« Ich zog die Plastiktüten ab, löste die Verschnürung zum Teil und öffnete das Packpapier ein bisschen. Der Beamte griff sehr vorsichtig hinein, zog seine Hand wieder heraus und fing an zu lachen. Er wendete sich zu seinem Kollegen und sagte lachend: »Karkadeh, Karkadeh!« – Karkadeh, das sind getrocknete Hibiskusblüten, aus denen man im Orient Tee bereitet. Für die Beamten war das Problem gelöst – wer weiß, was sie vermutet

hatten. Sie waren offenbar erleichtert. Abdul Ghafur war es anscheinend noch immer nicht.
Als wir im Flugzeug nebeneinander saßen, war er noch immer bleich. Ich fragte: »Was hast du?« Er sagte: »Ich bin erst beruhigt, wenn wir tatsächlich nach Deutschland fliegen, erst wenn wir über dem Mittelmeer sind.« – »Ja, was denkst du denn, wohin fliegen wir denn sonst?« – »Da stand auf der Anzeigetafel eine Maschine nach Khartum angekündigt. Vielleicht sind wir in der Maschine nach Khartum.« – »Aber Abdul Ghafur!« – »Du hast mir doch erzählt, dass du nicht nach Khartum gekommen bist, weil dein Flugzeug zu früh gestartet ist. Und wenn wir jetzt nach Khartum verfrachtet werden?« - »Hör mal zu! Was meine verhinderte Reise angeht: Als ich meine *Auradübungen* machte, habe ich mich dem Willen Allahs unterstellt, nämlich das anzunehmen, was Er für mich will, und nicht auf dem zu beharren, was ich will: ‚Deine Geschöpfe haben von Dir nur, was Du willst, und Du hast von ihnen, was Du willst.' Dadurch wurde ich möglicherweise vor etwas Schlimmem bewahrt. Heutzutage bin ich mir sicher. In der Tiefe meiner Seele wollte ich bei meinem Scheich bleiben und seine Art, die Seelen zu führen, kennen lernen – ich war ja noch ganz neu in der *Tariqa*. Sich auf dieses Abenteuer mit dem sudanesischen Busch einzulassen war höchst unvernünftig: Ich hatte überhaupt keinen Kontakt mehr mit dem Piloten gehabt und mit ihm keine genaue Absprache treffen können. Außerdem hatte ich nur gut eine Woche Zeit.« Ich er-

klärte Abdul Ghafur, dass die Scheichs niemanden gegen seinen Willen festhalten, aber ich traf auf taube Ohren, er hatte anscheinend Angst und wollte nichts anderes als nach Hause. Später habe ich ihn nicht mehr gesehen, er kam nicht mehr zur Gruppe. Ich glaube, ich habe noch ein- oder zweimal mit ihm telefoniert.

Schleier

Dass die Heiligen in ihren Gräbern anwesend sind, auf eine Weise, die wir nicht verstehen, davon überzeugte ich mich auf meinen Reisen mehr und mehr. Im Koran heißt es: *Und sagt nicht von denen, die auf Allahs Weg getötet wurden, sie seien tot. Nein, sie sind lebendig; nur begreift ihr es nicht.* (2:154)
Im Koran werden die Heiligen »Freunde Gottes« genannt: *Siehe, über Allahs Freunde soll keine Furcht kommen, noch sollen sie trauern – sie, die da glaubten und rechtschaffen waren.* (10:62-63)
Heilige gibt es nach dem Koran auch unter den Juden, Christen und Sabiern[4]. *Wahrlich, die Gläubigen sowie auch die Juden und die Christen und die Sabier – wer unter diesen wahrhaft an Allah glaubt und an den Jüngsten Tag und gute Werke tut – sie sollen ihren Lohn empfangen von ihrem Herrn, und keine Furcht soll über sie kommen, noch sollen sie trauern.* (2:62)
»Ein Kennzeichen der Heiligen ist, dass du dich an Gott

erinnerst, wenn du sie siehst.« So lautet eine Aussage des Propheten Mohammed, Gottes Segen und Frieden sei mit ihm[5]. Offenbar erinnerte Sidi Ahmad al Badauwi durch sein Aussehen an Gottes Majestät. Er heißt »al Badauwi« – »der Beduine« – weil er immer einen Teil seines Turbans als Schleier vor sein Gesicht legte, wenn er ausritt oder ausging. Man sagt, in seinem Gesicht habe eine solche Majestät gelegen, dass die Menschen auf der Straße den Anblick nicht ertragen konnten und furchtbar erschraken. Von ihm könnte man, denke ich, sagen, was über die Gefährten des Propheten Mohammed im Koran steht: *...Du siehst sie sich beugen und niederwerfen im Gebet, Huld erstrebend von Allah und Sein Wohlgefallen. Ihre Merkmale sind auf ihren Gesichtern: die Spuren der Niederwerfungen. Das ist ihre Beschreibung in der Thora...* (48:29)

Im Orient sind die meisten Gräber der Heiligen mit einem Gitter umgeben, dass man nicht zu dicht herankommt an das Grab. Ich denke, das ist mehr zum Schutz der Gläubigen als zum Schutz des Grabes. Oft ist es besser, nicht zu lange in der Nähe des Scheichs zu bleiben. Viele können die gewaltige Kraft nicht oder nicht lange aushalten. Wir können nicht auf einen Schlag alle unsere Unvollkommenheiten abstellen. Der Scheich gibt uns einen Hinweis und eine Aufgabe und schickt uns damit wieder fort in unser Alltagsleben.

Islam und Alltag vereinen, wie geht das?

Die *Auradübungen* sind etwas, was die Sufis freiwillig machen, um weiterzukommen auf dem Weg. Außerdem gibt es die fünf Säulen des Islam[6] mit ihren Pflichten, die für jeden Muslim verbindlich sind. Es fiel mir relativ leicht, die Anforderungen des *Islam* in meinen Alltag zu integrieren. Es erforderte gelegentlich etwas Phantasie und Flexibilität.

Ich war von Beruf Lehrer. Meine Kollegen und meine Schüler wussten zunächst nicht von meiner neuen Religion. Wozu auch? Ich erinnere mich an eine Klassenfahrt. Vorher hatte ich mir Sorgen gemacht, wie ich während dieser Zeit meinen religiösen Pflichten nachkommen könnte. Da war zunächst das Essen in der Jugendherberge. Ich vermutete, dass es oft Schweinefleisch geben würde. Drei Schülerinnen bestellten vegetarische Kost. Ich ebenfalls. Ein Schüler fragte mich: »Sind Sie Vegetarier?« - »Vorübergehend,« erwiderte ich. Damit war das erledigt. Dann die täglichen fünf Gebete. Ich hatte ein Zimmer auf dem Jungen-Flur, ich hatte Gebetsteppich und Kompass mitgebracht. In der Regel musste ich abends mehrere Gebete nachholen. Aber das ging, denn die Schüler machten meiner Kollegin und mir keine großen Probleme, der Aufenthalt wurde für uns Lehrer nicht zum Dauerstress, wie das gelegentlich vorkommt.

Und die *Auradübungen*? Ich musste mein übliches Programm nur wenig reduzieren. Es gelang mir, zum

Beispiel bei einer Wanderung oder einer Busfahrt, *Auradübungen* zu machen, ohne dass einer es merkte. Im nächsten Jahr hatte ich abends zu unterrichten, es war Ramadan. Die Zeit des Fastenbrechens fiel in meine Dienstzeit. Mir blieb nur die Möglichkeit, in der Pause nach der zweiten Unterrichtsstunde etwas zu essen. Ich hatte schon alles auf meinem Platz aufgebaut: Datteln oder andere Trockenfrüchte, Thermoskanne mit Tee, Butterbrote, oft auch ein kleines Thermosgefäß mit warmem Essen. Während ich aß, sagte mein Tischnachbar: »Ihnen schmeckt 's aber.« Es fiel ihm nicht auf, dass ich im nächsten Monat abends nicht mehr aß.

Ein paar Jahre später war meine Religionszugehörigkeit wohl den meisten Lehrern und einem Großteil der Schüler bekannt. Als ich die Pilgerfahrt machen wollte, bat ich meinen Direktor um einen Tag zusätzlichen Urlaub, weil unsere Reisegruppe erst nach Ende der Osterferien zurückkam. Er sagte: »Selbstverständlich. Für Sie als Muslim ist die Pilgerfahrt ja religiöse Pflicht.«

Was ist Sufismus?

Ich kam nicht auf dem Weg über das Nachdenken, nicht über Bücher oder Wissen zur *Tariqa*, sondern durch das unmittelbare Erleben. Ich fand einen lebendigen Glauben und eine menschenfreundliche Religion. Darüber war ich lange Zeit sehr glücklich und bin

es noch. Erst nach und nach holte ich im Verstehen das nach, was ich unmittelbar erfahren hatte.
Wenn ich jetzt sagen soll, was Sufismus ist, so antworte ich:
Die Sufis tun das, was der Prophet Mohammed, Gottes Segen und Frieden sei auf ihm, mit seinen ersten Gefährten in Mekka getan hat: Sie stärken ihren Glauben durch häufiges Gottesgedenken und durch zahlreiche Segenswünsche für den Propheten Mohammed. Beides betrifft die erste Säule des *Islam*, das Glaubensbekenntnis: »Ich bekenne, es gibt keine Gottheiten außer Gott, und ich bekenne, Mohammed ist der Gesandte Gottes.« Diese beiden Aussagen nehmen sie durch ständige Wiederholung in ihr Herz hinein, und wenn das Herz diesen Glauben angenommen hat, dann handelt der Mensch nach seinem Herzen. Ein Ausspruch des Propheten Mohammed: »Im Körper ist ein Stück Fleisch, wenn es gut ist, wird der ganze Körper gut, und wenn es schlecht ist, ist der ganze Körper schlecht, und das ist das Herz[7]«. Der Prophet Mohammed zeigte auf sein Herz.
Der Sufi-Weg ist ein Weg der Reinigung und der Annäherung, und er kann uns in Regionen führen, von denen wir zunächst kaum etwas geahnt haben. Das kommt in folgendem Wort zum Ausdruck: Der Prophet Mohammed, Gottes Segen und Frieden sei mit ihm, berichtete, dass Allah sagte:
»...Mein Diener nähert sich Mir durch das, was Ich ihm zur Pflicht auferlegt habe, und nichts liebe Ich mehr.

Mein Diener fährt fort, sich Mir durch Vermehrung des Gebetes zu nähern, bis Ich ihn liebe. Und wenn Ich ihn liebe, bin Ich sein Hören, mit dem er hört, sein Sehen, mit dem er sieht, seine Hand, mit der er zupackt, sein Fuß, mit dem er geht...[8]«

Ich habe es auf meinem Weg mit Maulana Scheich Ibrahim bewusst langsam angehen lassen. Ich habe nicht das Maximum an religiösen Übungen gemacht, eher das Minimum.

In Khartum war ich zusammen mit einem Bruder vormittags beim Grabmal von Maulana Scheich Mohammed Osman. Als wir zum Bus gingen, blickten wir auf die Kuppel, die einen Halbmond trägt, ähnlich wie manche Kirchen ein Kreuz. Die Sonne brannte schon stark und eine Schar Tauben drängte sich zusammen im Schatten, den der Halbmond auf das Blech der Kuppel warf. Der Bruder sagte: »Die machen es wie wir: Möglichst viel Segen abbekommen und sich möglichst wenig die Füße verbrennen.«

Ich war angekommen

Maulana Scheich Mohammed Osman sprach des öfteren davon, dass Deutsche zu ihm und zu seiner Tariqa kommen würden. Das war Jahre bevor es dann tatsächlich geschah. Er sagte unter anderem zu seinen Vertrauten, er habe eine Gruppe von deutschen Frauen in den Räumen von Sidi Ibrahim Disuq sitzen sehen, also im Haus des Ordensgründers.

Unter uns deutschen *Burhanis* waren es vor allem ein paar Frauen, die von Anfang an den Weg mit vollständiger Hingabe und mit unbeirrbarer Gewissheit gegangen sind. Eine Schwester sagte zu mir: »Seit meinem ersten Seminar mit Salah Eid, unserem ersten Sufi-Lehrer, gab es für mich nur noch eines: Ich will zu Allah.«

Eine andere Schwester schenkte mir folgenden Bericht über ihre erste Begegnung mit Maulana Scheich Mohammed Osman:

Im Dezember 1980 war ich mit meinem damaligen Sufi-Lehrer Salah Eid in einer großen Gruppe nach Ägypten gereist. Wir hatten aufregende und interessante Tage in Kairo verbracht und waren dann mit unserem Bus in einen verlassenen Mittelmeerbadeort gefahren, wohnten alle eingepfercht in einem engen, kalten Haus, drangsaliert von Mücken, die sich in den riesigen Wasserpfützen ringsum explosionsartig vermehrten. Ich litt, ich war enttäuscht. Ich hatte große Erwartungen an diese spirituelle Reise geknüpft, und nun waren wir, wie mir schien, am Ende der Welt gelandet, abgeschoben auf ein Abstellgleis. Gleichzeitig stieg eine starke Sehnsucht in mir auf nach verheißungsvollen mystischen Orten. Mir kam schon der Gedanke, mich von der Gruppe zu trennen und notfalls alleine weiterzureisen. Vielleicht wartete ja noch Großes auf mich, irgendwo hier in Ägypten!

In einem unbehaglichen Zustand saß ich neben meiner Freundin, tief in meinen Schlafsack eingemummt. Da erzählte sie mir von einer gemeinsamen Bekannten, die allein, als Mann verkleidet, durch den Sudan geritten sei. In Khartum habe sie den alten Scheich der *Tariqa Burhaniya*, Scheich Mohammed Osman Abduh al Burhani, getroffen. Als Antwort auf ihre vielen schwierigen Fragen habe er nur fröhlich gekichert. Während meine Freundin erzählte, sah ich das Bild von Maulana Scheich Mohammed Osman deutlich vor mir, kichernd, in einem Sessel sitzend. Und plötzlich drang sein Kichern tief in mein Herz. Meine Unzufriedenheit und Schwere lösten sich mit einem Schlag, ich lachte begeistert und rief: »Das ist mein Scheich.« In mir breitete sich ein helles, lichtes Gefühl aus, das stand in krassem Gegensatz zu der Düsternis und Enge, die ich um mich herum wahrnahm. Ich wusste, dass ich diesem Scheich begegnen wollte, und zwar unbedingt.

Ein Bruder aus unserer Sufi-Gruppe hatte im Gespräch erwähnt, dass er nach Khartum weiterreisen wolle, um für ein Buch zu recherchieren und unter anderem Maulana Scheich Mohammed Osman zu interviewen. Was stand also näher als sich ihm anzuschließen? Ich musste meine Freundin nicht lange überreden mitzukommen, sie selbst hatte für sich anscheinend schon den eigenen inneren Ruf gehört.

In den kommenden Wochen standen uns jedoch noch einige Hürden bevor, äußere und innere. Unser Sufi-Lehrer Salah Eid ließ uns nicht so einfach gehen. Wir wurden alle drei einzeln zu ihm gerufen, und ich erinnere mich, dass er mir ungeheuer groß erschien, als ich den Raum betrat und als er meine Absichten streng hinterfragte. Offensichtlich bestand ich die Prüfung, denn er stimmte meinem Vorhaben zu. Ich bedankte mich bei ihm respektvoll dafür, dass er mich als erster Lehrer bis hierher auf meinem Weg geführt hatte. Dann verließen wir die Gruppe. Wir fuhren vom Mittelmeer zurück nach Kairo. Dort erhielten wir jede Unterstützung für unsere geplante Khartum-Reise, von den ägyptischen *Burhani*-Brüdern und Schwestern und insbesondere von dem Beauftragten des Scheichs, Gamal al Sanhuri und dessen Frau Mima.

Die politische Situation im Süd-Sudan war schwierig zu der Zeit, und aus diesem Grund war es nicht einfach, ein Visum für die Einreise zu bekommen. Wir mussten drei Wochen auf unsere Visa warten. In dieser Zeit besuchten wir zahlreiche Gräber von Mitgliedern der Familie des Propheten Mohammed und anderer großer Heiliger in Kairo und Umgebung. Wir tauchten in eine mir bis dahin völlig unbekannte Welt ein. Jede Begegnung, jede Situation bekam für mich eine tiefere, verborgene Bedeutung. Eines Morgens wachte ich in meinem Hotelzimmer auf und erinnerte mich an einen Traum aus der vergangenen Nacht. Was hatte ich geträumt?

Da war eine unsichtbare Kraft, die mich mit großer Geschwindigkeit eine fast senkrechte Bergwand hochschob. Immer schneller raste ich in die Höhe, dem Gipfel entgegen, während ich die starke Kraft in mei-

nem Rücken spürte. Ich empfand weder Angst noch Freude, es geschah einfach mit mir.
Inzwischen warteten wir weiter auf unser Visum, und da abzusehen war, dass es noch einige Zeit dauern würde, beschlossen wir eine Reise zum Grab von Sidi Abul Hassan al Schadhuli. Das Grab liegt in der Nähe des Roten Meeres, mitten in der Wüste. Wir machten uns wenig Gedanken darüber, wie wir von Kairo aus dorthin kommen sollten. Wir folgten einem inneren Antrieb, wobei es sich so anfühlte, als seien wir nur Ausführende eines Plans, den jemand anderes für uns erstellte.
Wir flogen nach Hurgada, einem Badeort am Roten Meer, und machten uns gleich auf den Weg zur dortigen *Zauwiya* der *Tariqa Burhaniya*. Was dann geschah, daran erinnere ich mich noch heute wie an ein Märchen aus Tausendundeiner Nacht.
Wir wurden von den *Burhani*-Brüdern und Schwestern mit großer Warmherzigkeit aufgenommen. Alle freuten sich darüber, dass wir Sidi Abul Hassan al Schadhuli besuchen wollten. Sie servierten uns Erfrischungen, ließen uns ausruhen und überraschten uns ein paar Stunden später mit drei Jeeps, komplett ausgerüstet für unsere Expedition, beladen mit Benzinkanistern, Wasserkanistern, Verpflegung, Decken, Kissen usw. Eine Gruppe von *Burhani*-Brüdern stand bereit, mit uns zu der langen Wüstenfahrt aufzubrechen. Wir fuhren an der Küste entlang durch verschiedene Dörfer in den Abend hinein, machten immer wieder Pau-

sen für Waschung und Gebet und wurden aufs Liebevollste versorgt und verpflegt.
Dann kam die Nacht. Ich saß in dem Wagen an der Spitze der Kolonne. Unsere Scheinwerfer leuchteten ins Dunkle, und wir rasten stundenlang über die schnurgerade Wüstenpiste. Plötzlich hatte ich den Eindruck, als habe sich die Wüste aus der Horizontalen in die Vertikale gedreht. Rechts von uns war eine steile Wand, an der entlang die Straße in die Höhe führte. Trotz der Steigung fuhren wir weiter mit hohem Tempo. Mein Traum schien Realität zu werden, und mich erfasste eine ungeheure Aufregung. Was hatte das alles zu bedeuten? Was erwartete mich, wenn wir oben ankamen?
Nach circa zwölf Stunden erreichten wir eine Oase mitten in der Wüste. In der kleinen Moschee das Grabmal, von einem Gitter aus Holz umgeben. Wir umrundeten das Grabmal und setzten uns auf dem Teppichboden nieder. Eine starke pulsierende Energie floss durch meinen Körper. Ich fühlte mich an etwas angeschlossen, das ich nicht begreifen konnte. Ich erlebte es als reine Liebe, die mich tief berührte. An diesem Ort machte ich die Erfahrung, mich in dem Strom meiner Tränen aufzulösen und tief in mich hinein zu fallen. Als wir nach Kairo zurückflogen, nahm ich in mir eine Veränderung wahr, die ich zwar spüren, aber nicht benennen konnte.
Endlich, nach drei Wochen Vorbereitungszeit, war es eines Abends soweit, und auf einmal musste es ganz

schnell gehen. Die ägyptischen Brüder hatten alles für uns geregelt. Wir mussten rasch packen und sofort zum Flughafen fahren. Ein leichter Schreck durchfuhr mich, als am Flughafen ein schwerbewaffneter Soldat mit finsterer Miene seine Maschinenpistole auf meinen Schlafsack richtete, den ich in einem Beutel bei mir trug.

Endlich hob die Maschine ab, Richtung Khartum. Meine Vorfreude war ungeheuer, ich fühlte mich durch die intensive Zeit davor wie nach einem langen Waschvorgang gereinigt und innerlich leicht, während mein Herz vor Aufregung hüpfte. Alles erschien mir wie ein Traum. Die vielen Glückwünsche, die uns die ägyptischen *Burhani*-Brüder und Schwestern mit auf den Weg gaben, machten uns deutlich, dass hier wohl wirklich etwas ganz Besonderes geschah. Offensichtlich wurden wir schon lange von Maulana Scheich Mohammed Osman erwartet. Maulana Scheich habe in einem Telefonat kurz vor unserer Abreise nach uns gefragt: »Wo bleiben denn die Deutschen?«

Am Flughafen Khartum empfing uns eine freudestrahlende Mima Gamal – wir hatten sie noch von Kairo in guter Erinnerung. Sie lenkte das Auto in einer halsbrecherischen Fahrt durch die staubigen Holperstraßen Khartums, wobei sie unaufhörlich mit feuchten Augen von Maulana Scheich Mohammed Osman schwärmte. Und zwischendurch übte sie mit uns einen arabischen Satz ein, den wir unbedingt zu Maulana Scheich sagen sollten, wenn wir ihn begrüßten: »Mutaschakirin, ami Scheich« – »Vielen Dank, mein Scheich.« Ich hatte mittlerweile das Gefühl auf einem sich immer schneller drehenden Karussell zu sitzen, von dem ich nicht mehr abspringen konnte. Was würde mich nun erwarten?

Und dann sah ich ihn. Wir kamen in sein Haus, die Tür stand weit offen und er saß in einem Sessel. Wir blieben ein paar Meter von ihm entfernt stehen und er schaute uns an. In dem Moment stand alles still um mich herum, als wäre ich aus der sich drehenden Welt eingetaucht in den Frieden des ewigen Augenblicks. Alle Gedanken lösten sich in mir auf, es gab einfach nichts mehr zu tun, zu reden, zu denken. Und dann durchfloss mich ein unglaublich süßes Gefühl einer tiefen Vertrautheit. Ich kannte es ansatzweise aus den seltenen Momenten, wenn ich mich mir selbst ganz nahe fühlte. Während ich ihn anschaute, begegnete ich meinem innersten Wesen, und ich wusste, ich war angekommen.

Unruhig ist unser Herz

Allah... leitet die zu sich,welche sich bekehren.
Es sind jene, die glauben und deren Herzen
Trost finden im Gedenken an Allah.
Wahrlich, im Gedenken an Allah
finden die Herzen Ruhe.

(Koran, 13:27-28)

O Gott, Du hast uns zu Dir geschaffen,
und unruhig ist unser Herz, bis es ruht in Dir.

(Augustinus, Bekenntnisse I,1)

Ich habe ihnen die Sehnsucht gegeben

Unserm Herrn Da'ud, König David, wurde offenbart:
»O Da'ud, warum wenden Meine Diener sich von Mir ab, obwohl Ich sie einlade zu Mir zu kommen?
Ich ließ die Herzen derer, die voll Sehnsucht sind, zu Mir fliegen.
Ich gab ihnen das Leben, damit ihre Sehnsucht zu Mir stärker werde und damit sie Mir näherkommen können.

O Da'ud, bringe Meinen Heiligen und denen, die Mich lieben, die frohe Botschaft, dass Ich ihnen zu jeder Stunde die Wunder Meiner Schöpfung zeigen werde, auf dass sie Mich nicht vergessen und sich keinem anderen zuwenden.
Ich habe ihnen die Sehnsucht gegeben, damit sie nach Mir Sehnsucht haben und ungeduldig auf den Zeitpunkt warten Mich zu treffen.
O Da'ud, sahst du je einen Liebenden, der geizig gegenüber seinem Geliebten ist?
Die Rechtschaffenen sehnen sich nach Mir, und Meine Sehnsucht nach ihnen übersteigt die ihre.
Wer Mich sucht, wird Mich gewisslich finden. Und wer etwas anderes sucht, der findet Mich nicht[9].«

Das Wasser sucht den Durstenden

Ein Bruder berichtete: Ich fühlte, dass in meinem Leben etwas fehlte, und beschäftigte mich deshalb mit verschiedenen spirituellen Wegen. Unter anderem nahm ich an einem »Schamanen-Sommercamp« auf der Insel Stromboli teil. Eines Tages hatte ich in der freien Natur eine Vision. Ich sah vor mir eine wunderschön verzierte goldene Tür. Aber dann stellte ich fest: Es war keine Tür, es war eine Wand, eine Wand aus Stahl. Hier geht es für mich nicht weiter, das war die klare Botschaft. Ich war verzweifelt, denn bei meinen anderen Versuchen mit Spiritualität war es mir ähnlich ergan-

gen. Ich kehrte nach Deutschland zurück, und als ich die Wohnung betrat, ging das Telefon. Es war der Anruf einer Dame, einer Bekannten meiner Frau. Meine Frau hatte sich bei ihr nach einer Adresse von Sufis erkundigt. Die Dame sagte: »Gehen Sie doch in den Parfümladen in der Leibnizstraße. Dort werden Sie finden, was Sie suchen.« Ich suchte den Laden auf und traf dort Burhanis und fand durch sie zur Tariqa, der ich bis heute angehöre.
Wie war es bei mir? Ich hatte angefangen, mich mit fernöstlicher Spiritualität zu beschäftigen. Aber zum *Islam* und zum Sufismus hätte ich mich von mir aus nicht gewendet, in diese Richtung wurde ich gezogen. »Nicht der Durstende sucht das Wasser, das Wasser sucht den Durstenden,« sagte ein Sufi-Lehrer.

Bei Meiner Wahrheit in dir

Der Prophet, Gottes Segen und Frieden sei mit ihm, berichtete, dass Allah, der Hocherhabene, sagte:
»Oh Mensch! Fürchte niemanden, der Macht hat, solange Meine Macht besteht. Und Meine Macht ist unvergänglich.
Oh Mensch! Fürchte dich nicht vor knapp bemessenem Einkommen, solange Meine Schatzkammern gefüllt sind. Und Meine Schätze gehen nie zu Ende!
Oh Mensch! Suche niemanden außer Mich! Ich bin für dich da. Und wenn du Mich suchst, wirst du Mich fin-

den. Wenn du Mich verlässt, verlasse Ich dich, und du versäumst die allerbeste Gabe.
Oh Mensch! Ich habe dich geschaffen, damit du Mir dienst, so spiele nicht. Und Ich habe dir dein Einkommen schon zugeteilt, so plage dich nicht. Wenn du mit dem zufrieden bist, was Ich dir bestimmt habe, so hast du Ruhe für dein Herz und deinen Körper, und du wirst von Mir gelobt.
Wenn du aber mit dem, was Ich dir bestimmt habe, nicht zufrieden bist, bei Meiner Erhabenheit und Meiner Majestät, dann werde Ich das Diesseits so verlockend aussehen lassen, dass du ihm wie ein Raubtier hinterherläufst. Du bekommst trotzdem nur, was Ich dir bestimmt habe, und bist bei Mir getadelt.
Oh Mensch! Ich habe die sieben Himmel und die sieben Erden geschaffen ohne irgendeine Mühe. Ist es für Mich dann schwer, dir dein tägliches Brot zuzuteilen?
Oh Mensch! Ich habe diejenigen, die Mir ungehorsam waren, nicht vernachlässigt, wie kann Ich dann die Gehorsamen vergessen? Ich bin ein barmherziger Herr, der Allmächtige.
Oh Mensch! Frage Mich nicht nach deinem Lebensunterhalt von morgen, so wie Ich dich nicht nach deinen zukünftigen Taten frage.
Oh Mensch! Ich liebe dich, und Ich beschwöre dich bei Meiner Wahrheit in dir, liebe Mich![11]«
Dieser Text hängt als Schmuckblatt in manchen orientalischen Wohnungen. Ich las ihn, als ich schon eine Zeitlang der Tariqa angehörte.

Die Worte »bei Meiner Wahrheit in dir« machten mich betroffen. Ich erkannte, dass es darum ging, ein Wissen wiederzufinden, das ich schon einmal besessen und verloren hatte.

Eine sprudelnde Quelle

Während meines Studiums hörte ich in einer Philosophie-Vorlesung einen Satz von Hegel: »Der Glaube darf nicht eine Stunde alt werden.« Schlagartig wurde mir klar, was ich damals vermisste: die reine Quelle eines lebendigen Glaubens. Heute denke ich noch genauso wie damals: Ich kann nur deshalb an Gott glauben, weil ich immer wieder Erfahrungen mache, die mich zum Glauben bringen. Ich kann nur sagen, ich habe dies und das erlebt, darum glaube ich. Mir reichen die Erfahrungen nicht, die andere vor langer, langer Zeit gemacht haben. Das geht mir schon seit meiner Kindheit so. Ich wünschte mir schon immer eine Religion, in der man auch jetzt noch täglich, stündlich die Nähe Gottes erfahren kann.

Ich besuchte mit meinen beiden erwachsenen Töchtern das Sauerland, meine alte Heimat. Auf der Hinfahrt äußerten sie den Wunsch, sie wollten einmal eine echte, lebendige Quelle sehen. Sie waren schon zuvor im Sauerland gewesen und hatten die Ruhr- und die Lenne-Quelle besucht. Sie waren enttäuscht: Beide Quellen waren in Stein gefasst, und meine Töchter

glaubten nicht mehr so richtig, dass es echte Quellen waren.
Ich sagte: »Etwas Ähnliches kann ich euch heute auch bieten.« Wir besuchten mein Elternhaus und den Park, der es umgibt, und da sprudelte Wasser aus einem Rohr, das früher mal einen Springbrunnen speiste. Ich konnte ihnen nur sagen, ich hätte von meinen Eltern die Überlieferung gehört, weiter oberhalb sei eine Quelle; das Wasser werde in einem unterirdischen Becken aufgefangen und komme dann aus dem Rohr zum Vorschein.
Ich wollte ihnen weiter unterhalb eine andere Quelle zeigen, aber sie war versiegt, es waren nur noch eine Pfütze und etwas feuchte Erde zu sehen. Schließlich gingen wir einen Bach aufwärts, um seine Quelle zu suchen. Wir mussten die Suche abbrechen, denn es fing schon an zu dämmern. An dem Abend sprachen wir über meine erste Reise nach Khartum. Ich bin sicher, meine Töchter haben die Hoffnung auf eine lebendige Quelle nicht aufgegeben.

Die blaue Kette

Eine Schwester berichtete:
Seit meinem vierzehnten Lebensjahr habe ich meditiert. Obwohl ich nie nach einem Lehrer suchte - ich hatte stets den Anspruch, den Weg alleine zu gehen - hatte ich das Glück, immer von einem guten Lehrer be-

gleitet zu werden. Zuerst tauchte ein Yoga-Lehrer auf, dann ein Zen-Meister einer ganz alten Schule. Beide haben mich intensiv gefördert und mir auch Einzelunterricht gegeben. Ich wollte aber nirgends eintreten, weder fest zur Yoga-Gruppe dazu gehören noch zur Zen-Gemeinschaft.

Ich war ungefähr dreißig Jahre alt und machte intensiv Zen-Meditation. Nach einiger Zeit spürte ich, so komme ich nicht mehr weiter. Immer wenn ich mich zum Meditieren setzte, sah ich vor mir einen grauen, undurchdringlichen Vorhang. Außerdem wurde deutlich, dass ich die Meditation nicht mehr so leicht in meinen Alltag integrieren konnte.

Die eine Lösungsvorstellung war, mich für ein halbes Jahr in ein Zen-Kloster zu begeben. Die andere, aufzuhören mit dieser Art der Meditation. Ich sprach mit dem Zen-Meister. Er schlug mir vor, wochenweise zu ihm in das neugegründete Kloster nach Versailles zu kommen und dort mit ihm zusammen intensiv zu meditieren. Ich konnte dem nicht so ohne weiteres zustimmen. Ich lebte mit meiner achtjährigen Tochter und meinem Lebensgefährten Richard zusammen. Meine Befürchtung war, ich könnte aufgrund langwieriger und intensiver Meditationen den Bezug zu meinem Alltag, zu meinem Kind und zu meinem Partner verlieren. Das wollte ich denen und mir nicht antun. Immer wieder grübelte ich nach, ob es nicht eine Meditationsform gäbe, bei der ich alles miteinander verbinden könnte: meinen Alltag, die Nähe zu den

mir liebsten Menschen und meine spirituellen Bedürfnisse.
Eines Tages sagte Richard, wir seien eingeladen zu den Sufis, zur Sufi-Meditation. Ich spürte sofort: Diese Einladung ging mich an. Es war wie eine für mich bestimmte Botschaft. Gleichzeitig hatte ich Angst. Ich wollte nicht schon wieder mit tiefen Empfindungen und Erlebnissen konfrontiert werden, bevor ich meine Probleme mit der Zen-Meditation gelöst hatte - ich hasse nämlich kaum etwas so sehr wie sinnlose Verwicklungen. So sagte ich zu meinem Liebsten, er solle schon mal hingehen und sich diese Art der Meditation ansehen. Ich würde eventuell nachkommen, wenn der Weg in Ordnung sei.
Ich sprach mit meinem Zen-Meister über diese Einladung. Er empfahl mir zu der Sufi-Meditation zu gehen, wenn diese Sufi-Gruppe eine ununterbrochene Kette von Scheichs vorweisen könne, bis hin zum Propheten Mohammed. Das sei sehr wichtig - darauf hätte ich zu achten. Mir wurde bestätigt, die Kette sei ununterbrochen, also ging ich mit.
Während der ersten *Hadra*, der Sufi-Meditation, hatte ich eine ganz klare Wahrnehmung: Der graue Vorhang ist gerissen. Ich kann da weitergehen, wo ich bei der Zen-Meditation stecken geblieben bin. Eine gewisse Beunruhigung blieb: Werde ich mich auf eine neue Gruppe einlassen müssen? Werde ich einem neuen Meister folgen müssen, vielleicht blind folgen müssen? Mein Anspruch war ja immer gewesen, selbst zu

spüren, wo und wie es für mich weiter ging.
Ich war etwa vier- oder fünfmal donnerstags Gast bei der *Hadra*, und zwar fuhr ich mit meinem VW-Käfer und nahm dabei meinen Lebensgefährten Richard und noch zwei oder drei *Burhanis* mit, die etwa den gleichen Weg hatten. Eines Freitagmorgens nach der *Hadra* wollte ich zur Arbeit fahren. Ich war im Begriff meine Tasche wie gewohnt hinter der Rückbank abzustellen.
Da lag eine hellblaue wunderschöne Gebetskette. Die Perlen waren marmoriert, durchsichtig und schimmerten wie Edelsteine. Es traf mich etwas wie ein elektrischer Schlag, viel heftiger als damals, als ich von der Einladung zu den Sufis hörte. Gleichzeitig tauchte eine riesengroße Wut auf. Ich dachte: »So ködert ihr mich nicht!« Ich ließ die Kette liegen und stellte meine Tasche weiter seitlich ab. Drei oder vier Wochen lag die Kette unberührt in meinem Auto. Man konnte sie durch das kleine Rückfenster sogar von außen sehen. Dann fragte mich Richard, warum ich nicht mehr zur *Hadra* gehen wolle. Ich reagierte ziemlich schroff: »Hast du mir diese Kette ins Auto gelegt?« Er war völlig überrascht und versicherte mir mehrfach, er hätte diese Kette noch nie gesehen. Am nächsten Donnerstag fuhr ich zur *Hadra*, nahm die Kette mit in die *Zauwiya* und fragte alle Personen, die ich je mit zur *Hadra* genommen hatte, ob ihnen die Kette gehöre. Dabei hatte ich ein beklommenes Gefühl: Ich wünschte eigentlich, niemand würde sie zurückverlangen. Alle

bewunderten diese wunderschöne Kette, hatten eine mit solchen Perlen aber noch nie gesehen und wussten demnach auch nicht, wie sie in mein Auto kam. Ich sagte: »Dann muss man einmal in ganz Deutschland nachfragen, wem diese auffällige hellblaue Kette gehört.« Dabei war mir bewusst, dass ich sie gerne behalten wollte.

Einige Zeit später traten mein Freund Richard und ich in die *Tariqa* ein. Der Vorsitzende gratulierte mir und wollte mir eine Gebetskette schenken. Ich sagte: »Ich habe schon eine«, und holte meine blaue Kette hervor. Auch er sah sich die Kette überrascht an und runzelte die Stirn, da er solche Perlen nicht kannte. Es war aber eine charakteristische *Burhani*-Kette und somit bestens für die Meditation geeignet. Mittlerweile gab es für mich keinen Zweifel mehr, dass diese Kette für mich bestimmt war.

Über viele Jahre habe ich fast ausschließlich diese eine Kette zur Meditation benutzt. Es hat sich nie jemand als rechtmäßiger Besitzer gemeldet. So blieb die Kette bei mir.

The sadness

Als ich das letzte Mal in Khartum war, hatte ich eine kurze intensive Begegnung mit einem Bruder aus Amerika. Er erzählte mir seine Lebensgeschichte: Er war in Damaskus geboren, der Vater Russe, die Mutter

Griechin. Die Mutter war eine sehr fromme Christin. Mit achtzehn Jahren war er nach Amerika gegangen, war dort Professor für Physik geworden, war vor kurzem in den Ruhestand getreten und arbeitete noch gelegentlich als Gutachter. Er war mit einer Französin verheiratet gewesen, hatte zwei erwachsene Kinder, jetzt war er alleinstehend. Als er an dieser Stelle seiner Schilderung angekommen war, sagte er nur: »The sadness.« Ich sagte spontan: »Als Gott die Seelen auf die Erde und in die Körper schickte, da zögerten sie zu gehen. Daraufhin gab Er ihnen die Musik, die sie nur mit Hilfe des Körpers empfinden konnten, und dann folgten sie[12].« Henri fühlte sich durch meinen seltsamen Einwurf sehr verstanden und sagte impulsiv: »Ja, ja, so ist es, vor allem die Sterne. Ich konnte es in der Stadt nicht mehr aushalten, da habe ich mir ein Haus gekauft, ganz im Norden von Maine, mitten im Wald. Die Bäume und die Sterne sind wunderbar.«
Er erzählte weiter, dass er zehn Stunden mit dem Auto fahren müsse, um *Burhani*-Brüder zu treffen. Jetzt war er zum ersten Mal in Khartum, zur *Hauliya* von Maulana Scheich Mohammed Osman. Das Arabisch, die Sprache seiner Heimatstadt, war ihm fremd geworden. Auf dem Rückweg wollte er seiner Geburtsstadt Damaskus einen Besuch abstatten, den ersten nach vierundvierzig Jahren. Dieser Mensch war bei seiner Sehnsucht nicht stehen geblieben, er hatte sich auf den Weg gemacht.

Es ist gut, dass es mich gibt

Es war kurz vor meiner Begegnung mit der *Tariqa*, während einer Yoga-Woche in Bayern. Immer wieder kreisten meine Gedanken um dasselbe Thema. Mein Sohn hatte einen schweren Unfall erlitten, und ich schrieb mir eine Mitschuld an dem Unfall zu. Ich machte mir große Sorgen um die Zukunft meines Sohnes, um die Zukunft unserer Familie.
Unser Yogalehrer mischte klassischen Hatha-Yoga mit Übungen anderer Herkunft, z. B. eine Übung zum Thema Vertrauen. Zwei gleich große Partner stellen sich mit den Rücken aneinander auf. Dann nimmt erst der eine den Partner auf seinen Rücken, dann der andere. Der die Last auf sich nimmt, beugt sich im Winkel von fünfundvierzig Grad nach vorne. Ich lag auf dem Rücken meines Partners, schloss nach Anweisung des Yoga-Lehrers die Augen, und plötzlich spielten sich erschreckende Bilder vor mir ab. Im Nu war ich ganz in das Geschehen einbezogen, ich fühlte mich wie einer von den nackten Verdammten, die auf Michelangelos »Jüngstem Gericht« in die Hölle stürzen, dann sah ich Leichen, die im KZ Ausschwitz von einem LKW heruntergekippt werden in die Grube. Ich weiß nicht, wie lange es gedauert hat, ich weiß es nicht; es war ein tiefer Schrecken. Als ich wieder auf dem Boden stand, kam ich nur langsam wieder zu mir. Als erstes nahm ich mein linkes Schulterblatt wahr, ich spürte dort einen kleinen Schmerz etwas unterhalb

vom Schulterblatt und hatte die deutliche Vorstellung, dass dort ein Loch sei. In diesem Moment änderte sich mein Gefühlszustand genau so plötzlich wie vorher, als mich der Schrecken überkam: Ich dachte, das ist ja die Stelle, wo das Herz sitzt! Zugleich hatte ich einen Gedanken, der sich zur Gewissheit steigerte: Gott ist nicht Der, Der uns strafen und ins Verderben stürzen will, Gott ist barmherzig, Gott ist die Liebe.
Beides zusammen, der Gedanke und das körperliche Gefühl, überkamen mich gleichzeitig und überwältigten mich. Ich sah nach den anderen Gruppenteilnehmern. Einige waren noch mit der Übung beschäftigt, einige redeten miteinander. Wo war mein Partner, der junge Mathematikstudent? Er saß am Rand des Raumes auf einer Bank und hatte auf mich gewartet. Ich ging auf ihn zu und sagte: »Es ist gut, dass es mich gibt.« Ich war unglaublich glücklich, wie nie zuvor in meinem Leben. Dann nahm ich ihn an der Hand und wir gingen durch den Raum. Ich sagte noch zweimal: »Es ist gut, dass es mich gibt.« Er spürte offenbar, dass ich seine Nähe brauchte, und ging brav mit. Wir verließen den Seminarraum, gingen durch den Flur und setzten uns auf eine Bank. Durch ein Fenster konnte man ins Tal und auf die jenseitigen Berge blicken. Rechter Hand sahen wir in den Raum, in dem die Waschmaschinen standen. Der Raum hatte einen grünen Teppichboden, den ich noch vor mir sehe. Ein älterer Mann kam, ein Teilnehmer der Gruppe, und dann ein junges Mädchen, das von ihm immer »Sternchen« ge-

nannt wurde. Sie wollte die Waschmaschine erklärt haben, und er erklärte ihr die Funktionen. Und in diesem Moment, gerade in diesem Moment dachte und fühlte und wusste ich: Es ist alles gut, so wie es ist, es ist sehr sehr gut. Dieses Glücksgefühl hielt mehrere Stunden an.

Heute, nachdem viele Jahre vergangen sind, denke ich so: Meistens sehen wir die Welt als banal, eine Waschmaschine, ein grüner Teppichboden, ein Mann, der einem Mädchen die Waschmaschine erklärt, zwei Menschen auf einer Bank. Aber manchmal überrascht uns ein Anhauch der göttlichen Liebe. Wir erkennen, dass die Welt unglaublich gut ist, und sind glücklich.

Die fließenden Gaben

Etwas Ähnliches erlebte ich ein paar Jahre später bei der *Hauliya* in Khartum, dem großen Fest zu Ehren von Maulana Scheich Mohammed Osman, das jährlich gefeiert wird. Das Fest beginnt mit einem Umzug durch die Straßen der Stadt von dem Haus, in dem Maulana Scheich Mohammed Osman zuletzt gewohnt hat, zum *Maqam*, seinem Grab. Eine große Menschenmenge nahm teil, die meisten zu Fuß, dazwischen einige im Sudan übliche Kleinlaster mit offener Pritsche und darauf Sänger mit Mikrofon, welche die im Staube – wahrlich im Staube – Wandelnden mit Gesängen anfeuern.

Bei diesem Pilgerzug staut sich die strömende Menge immer wieder an kleinen Hindernissen: Gesteinsbrocken auf der Fahrbahn, die ein LKW verloren hat, ein Loch im Bürgersteig, ein abgesägter Pfosten, der am Straßenrand stehen geblieben ist. Ein oder zwei Männer stellen sich als lebendes Warnschild davor, zerteilen den Strom der Begeisterten und sorgen dafür, dass niemand zu Schaden kommt. Es herrscht eine fröhliche, zuversichtliche Stimmung.
Der Umzug ist so geplant, dass man ungefähr bei Sonnenuntergang am Maqam ankommt. Wir kamen etwas zu spät. Aber was war das? Es waren Absperrungen errichtet, wir wurden kontrolliert, das Grabmal war geschlossen. Ich war enttäuscht! Bisher war ich gewohnt, dass im Sudan alles herzlich, spontan, ohne Formalitäten geregelt wurde. Jetzt gab es Ordnungskräfte, Sudanesen in weißer Ghalabia mit einer grünen Schärpe, ein Namensschild angesteckt. Für mich ein ungewohnter Anblick. Wir wurden von einer solchen Ordnungskraft zu unseren Plätzen geleitet. Es waren bevorzugte Plätze auf der Tribüne, die man gegenüber dem Maqam errichtet hatte.
Kaum hatten wir uns gesetzt, da startete schon das Pro gramm mit mehreren Festreden zu Ehren von Maulana Scheich Mohammed Osman. Nach Möglichkeit sollte aus jeder Nation ein Redner sprechen. Ich hatte ganz anderes erwartet, mir war das alles zu steif, zu formelhaft. Ich lehnte das Ganze ab und war froh, rechts in der Ecke einen Stuhl zu haben, auf dem ich

zunächst mal ruhig sitzen konnte.
Wir Deutschen wurden gebeten, ein Mitglied der sudanesichen Regierung zu begrüßen, und alle gingen hin, nur ich blieb sitzen, was aber nicht auffiel.
Auf der Bühne trat ein Redner nach dem anderen auf. Ein Deutscher sang zwei *Cassidas* mit den sudanesischen Sängern als Chor im Hintergrund und wurde dabei vom sudanesischen Fernsehen gefilmt. Ich blieb auf meinem Stuhl hocken und stellte mich gewissermaßen tot. Ich habe vom Programm nicht viel mitbekommen.
Eiskalte Cola-Flaschen wurden gebracht und Plastikteller mit einem kleinen Imbiss. Meine deutschen *Burhani*-Brüder fingen an zu essen, offenbar mit Appetit. Mir wurde klar: Durch meine Einstellung isolierte ich mich von den anderen.
Übrigens, wo war Maulana Scheich? Ich hatte ihn bisher nicht gesehen. Links von uns saß die Regierungsdelegation, und da saß auch Maulana still in seinem Sessel, ich möchte sagen, versunken und aufmerksam zugleich. Vermutlich machte er die ganze Zeit *Aurad*. Ich beschloss die Zeit für ein bisschen *Aurad* zu nutzen.
Ich blickte auf: Vor uns der große *Hadra*-Platz, dicht besetzt mit Menschen, die anscheinend geduldig und aufmerksam den Reden lauschten. In der Nähe eine Gruppe von deutschen Frauen. Jenseits des Platzes, etwa vierhundert Meter entfernt, auf einer künstlichen Anhöhe der *Maqam*, das heißt eine ganz kleine Mo-

schee und darin das Grabmal.
Wie war ich in die unzufriedene Stimmung hineingeraten? Ich hasste leere Förmlichkeiten und ich hatte von den Sudanesen die Vorstellung, sie sind nicht förmlich, sondern spontan. An diesem Tage entsprachen sie offenbar nicht ganz meiner Vorstellung.
Einige von den Ehrengästen verabschiedeten sich bei Maulana. War das die Regierungsdelegation?
Ein bekannter Sänger ging auf die Bühne und stimmte eine sehr populäre *Cassida* an: »Ahlan wa sahlan«. Von allen Seiten strömten die Leute auf den Platz vor der Bühne, den rechten Arm erhoben als Zeichen des Jubels. Maulana Scheich Ibrahim stand auf und ging glücklich strahlend auf den Sänger zu, in der erhobenen Rechten einen Stock. Es gibt ein Foto davon.
Das Lied hat einen sehr langen Refrain, der, je nach Improvisationstalent des Sängers, in einzelne Anrufungen aufgeteilt wird: »Ahlan wa sahlan - willkommen, willkommen, - bil kirami - oh du Großzügiger, - Haschim dibni - aus dem Stamme Haschim, - Mohammedun...« – der Sänger singt vor, alle wiederholen das kurze Stück. Und dann setzt der Sänger an zu dem Bogen einer Melodie, die die Herzen zum Himmel hebt. Nach einiger Zeit wurde der *Hadra* Platz eingerichtet, die Sänger und die Dhakirin – die Männer, die den *Dhikr* machen wollten – nahmen ihre Plätze ein, und die *Hadra* begann.
Ich hatte mich nach *Dhikr* und *Hadra* gesehnt, und nun sah ich, den Sudanesen ging es offenbar auch so.

Ich war sehr bewegt, wollte noch nicht an dem *Dhikr* teilnehmen und setzte mich zu den deutschen Frauen um zu plaudern. Es gab auch etwas zu essen. Dann sah ich, dass eine Schwester fröstelte. Ich holte mein sudanesisches Wolltuch von meinem Platz auf der Tribüne und gab es ihr mit der Bitte, darauf aufzupassen. Von da an war ich frei.

Ich ging in die *Hadra*, das heißt ich reihte mich ein bei den Männern, die auf dem Platz standen und im Rhythmus des Gesanges hin- und herschwangen, dazu nach rechts und nach links »All-lah« sagten. Immer wieder fingen einzelne plötzlich an zu schluchzen oder zu rufen, überwältigt von Glückseligkeit, wenn der Dhikr das Herz oder das Innerste des Herzens erreichte. Ich dachte: Niemand wird Schaden nehmen durch die Verzückungen und Erschütterungen des Dhikr, darüber wachen die Scheichs. Vielmehr sollen wir etwas mitnehmen von der Seligkeit dieser Stunde in unseren Alltag, als Herzensgebet, bis schließlich Herz und Seele ständig »All-lah, All-lah, All-lah« sagen, im Gebet und in der Arbeit, im Wachen und im Schlafen.

Und gedenke deines Herrn in deiner Seele in Demut und Furcht, ohne laut vernehmbare Worte, am Morgen und am Abend. (Koran 7:205)

Ich stieg aufs Dach des *Zauwiya*-Gebäudes und sah von oben die Reihen der Gedenkenden: an der einen Seite stand der *Maqam*, das Grabmal des verstorbenen Scheichs, an der anderen Seite saß der lebende Scheich. Ich besuchte für kurze Zeit den *Maqam*, um

von dem Wasser zu trinken, das dort am Kopfende des Grabmals steht, ging dann wieder in die *Hadra*, wie es mir gefiel.
Zwei oder drei Stunden später – die *Hauliya-Hadra* geht bis zum Morgengrauen – kam ich aus dem *Maqam* und blickte von dem Hügel auf den *Hadra*-Platz. Jeder schien das gefunden zu haben, was er brauchte: Einige nahmen aktiv an der *Hadra* teil, in dem schwingenden Rhythmus des »All-lah, All-lah«, einige saßen in Gruppen zusammen, andere hatten sich am Rande schlafen gelegt. Eine Schwester blieb neben mir stehen, und ich sagte: »Das hört nie auf, die Lieder hören nie auf.« »Ja«, sagte sie, »das sind die fließenden Gaben, die hören nie auf[13].« In diesem Moment war ich vollkommen glücklich.

I came from the south

Es war während der *Hauliya* im Frühjahr 1999 in Khartum. Ich stand draußen vor dem Haus von Maulana Scheich Ibrahim und wartete auf einen sudanesischen Bruder, mit dem ich zurückfahren wollte in mein Quartier. Er war mit dem Auto unterwegs und es hieß, er würde bald zurückkommen. Aber was hieß bald? Ich wollte ihn nicht verpassen und wartete deswegen draußen, nicht drinnen. Es war kurz vor Mittag, die Sonne brannte und die Mauer, an die ich mich lehnte, spendete fast keinen Schatten mehr. Es gab hier draußen nur einen bequemen Platz: Unter dem dichtbelaubten Baum neben dem Tor stand ein Sessel. War der Platz besetzt? Jemand hatte an die Rückenlehne eine kleine Plastiktüte geknotet. Aber wo war der Besitzer? Eine Gruppe sudanesischer Männer kam aus dem Tor und entfernte sich. Also setzte ich mich hin. Dann kam wieder ein Trupp aus dem Tor. Ich merkte, dass jemand hinter mir die Plastiktüte losband; sofort stand ich auf.

Vor mir stand ein junger Soldat in grün-brauner Kampfuniform. Daran hatte ich nicht gedacht: Die Regierung hatte vor jedem Haus, in dem Ausländer in größerer Zahl untergebracht waren, einen Soldaten mit MP postiert, ob mehr zum Schutz der Ausländer oder zur Kontrolle, ich wusste es nicht. Für ihn hatte man den Sessel dahin gestellt. Der Soldat bedeutete mir sofort mit Gesten, ich solle auf jeden Fall sitzen bleiben. Ich entschied mich im Stillen, das Angebot anzunehmen, zumal ich wesentlich älter war als er und die Hitze mir zu schaffen machte, und wollte ein paar freundliche Worte mit ihm wechseln. Ich fragte auf Arabisch: »Wie geht es?« Der Soldat antwortete: »Ana ma quais - Mir geht es nicht gut.« So etwas hatte ich noch nie gehört im ganzen Sudan, und ich war schon oft da gewesen. Die Sudanesen gaben immer als erstes zur Antwort: »Es geht mir gut.« Erst wenn man sie in ein längeres Gespräch verwickelte, kamen sie auf Probleme, auf Unglück und Schmerzen zu sprechen. Und dieser junge Mann sagte als ersten Satz: »Mir geht es nicht gut.«

Ich fragte: »Woher kommst du?« – »Ana Denga - Ich bin ein Dinka.« - Er war also aus dem Stamm der Dinka, aus dem Sumpfland im Süden. – »Ich heiße Abdul Fatah – wie heißt du?« Er sagte einen Namen, den ich nicht verstand, anscheinend war es nicht Arabisch. Ich schrieb meinen Namen auf ein Stück Papier und bat ihn, auch seinen Namen aufzuschreiben. Er kritzelte etwas hin mit arabischen, dann mit lateinischen Buchstaben, und erst nach einigem Üben konnte ich nachsprechen: »Anien Aleth Kon.« Das war sein Name. Dass wir so weit miteinander gekommen waren, war schon mal ein kleiner Erfolg. Ich fragte weiter: »Bist du verheiratet?« »Ja.« »Lebt deine Frau auch in Khartum?« »Ja.« »Hast du Kinder?« »Noch nicht. Und du, hast du Kinder?« »Ja, aber die sind schon erwachsen, die leben nicht mehr bei mir.« »Wie heißen deine Kinder?« Ich nannte ihm die deutschen Namen, die ihm schwer verständlich waren, nur einer schien ihm sofort zu gefallen: Dorothee. Unsere Unterhaltung wechselte hin und her zwischen Englisch und Arabisch. Ich sagte zu ihm: »Deine Sprache ist nicht Arabisch?« »Ana Denga – I came from the south!« »And I came from the north.« Dann haben wir uns angesehen, und dieser Blick war wie eine Umarmung: ein Europäer verkleidet in weißer Ghalabia und ein junger Dinka verkleidet in sudanesischer Uniform. Über alle Worte hinaus spürte ich bei ihm eine tiefe Sehnsucht – und Zuversicht, trotz aller Entwurzelung und allem Leid, das für ihn mit der Trennung von seiner Heimat zusammenhing. Vor Maulana Scheich Ibrahims Haus haben wir uns getroffen. So gering der Anlass gewesen sein mag, wir beide waren sehr glücklich.

Mit drei Worten

Wir hatten unter Burhanis darüber gesprochen, dass es gut sei Arabisch zu lernen. Mein Freund Ali machte dazu die Bemerkung, er habe einmal in Kairo mit drei Worten Arabisch ein ganzes Gespräch führen können. Als ich mich an der Sache interessiert zeigte, erzählte er mir folgendes:
Du kennst die alte *Zauwiya* in Kairo gegenüber der Moschee von Saidnal Hussein. Im ersten Stock ist rechts die Rezeption und dahinter die Küche, links ist die Wohnung von Maulana Scheich. Ich saß in der Rezeption vor der Theke auf einem Holzstuhl und wartete darauf, dass Maulana Scheich Ibrahim zurückkommen sollte. Ich saß schon zwei Stunden dort, und die ägyptischen Brüder konnten mir nichts Genaues über den Zeitpunkt seiner Rückkehr sagen. Sie hätten mich gerne in der bequemen Wohnung Platz nehmen lassen, aber es gab einen Grund, weshalb sie die Tür nicht aufschließen wollten: Von Zeit zu Zeit hörte man unten im Treppenhaus ein paar gellende Schreie und so etwas wie Streit, dann kam eine junge Frau die Treppe heraufgerannt, ergriff die Klinke der ver-

schlossenen Wohnung und rappelte wie wahnsinnig daran. Sie hielt sich an der Klinke fest und blickte mich an wie ein gehetztes Tier. Dann kamen ein Mann und eine Frau, packten die Ausreißerin und führten sie nach unten. Von meinem Stuhl in der Rezeption aus habe ich das zweimal beobachtet.

Schließlich entschied ein ägyptischer Bruder, ich solle nicht länger auf dem Stuhl hocken, sondern in der gegenüberliegenden Wohnung im Salon Platz nehmen. Dort setzte ich mich auf ein Sofa und blickte auf das Bild von Maulana Scheich Mohammed Osman, dem Vater von Maulana Scheich Ibrahim, an der Wand mir gegenüber. Weil ich sowieso noch warten musste, entschied ich mich, siebzig *Ayat al kursi* zu lesen. Maulana Scheich Ibrahim hatte mir gesagt, ich solle möglichst viele *Ayat al kursi* lesen, aber ich hatte zurückgefragt, ob sieben am Tage genug seien, und Maulana hatte gesagt okay. Ich wusste, dass Maulana eine höhere Zahl gewünscht hatte. Also fing ich jetzt endlich damit an.

Die »*Ayat al kursi*« - der »Thron-Vers« aus dem Koran: *Allah – es gibt keinen Gott außer Ihm, dem Lebendigen, dem aus sich selbst Seienden und Allerhaltenden. Schlummer ergreift Ihn nicht noch Schlaf. Sein ist, was in den Himmeln und was auf Erden ist. Wer ist es, der bei Ihm fürbitten will, außer mit Seiner Erlaubnis? Er weiß was vor ihnen ist und was hinter ihnen; und sie begreifen nichts von Seinem Wissen, außer was Ihm gefällt. Sein Wissen*

umfasst die Himmel und die Erde; und ihre Erhaltung beschwert Ihn nicht; und Er ist der Erhabene, der Große. (2:255)
Diese *Aya* hängt als Kalligraphie in vielen orientalischen Wohnungen. Sie schützt vor negativen Einflüssen, vor Verwirrtheit und Verrücktheit, und ihren positiven Einfluss habe ich selbst erfahren.
Ein kleiner Satz hat mir von Anfang an am besten gefallen, mich am meisten getröstet: »und ihre Erhaltung beschwert Ihn nicht«, es fällt Ihm wahrlich nicht schwer!
Mit der *Ayat al kursi* bringt man eine Geschichte in Verbindung, die die Muslime von Saidna Musa - dem Propheten Moses - erzählen. Allah befahl Moses, eine ganze Nacht wach zu bleiben, stehend, und in jeder Hand eine Glasflasche zu halten. Fast die ganze Nacht verbrachte Moses so, aber am Ende schlief er ein, die Glasflaschen fielen zu Boden und zerbrachen. Da sagte Allah zu Moses: »Das Gleiche würde mit der Welt geschehen, wenn Ich einschlafen würde.«
Als ich fertig gelesen hatte, blickte ich wieder zu dem Bild und sah, dass die Wand hinter dem Bild pulsierte, ja wirklich - pulsierte. Das Bild war still, aber die Wand dahinter bewegte sich, wie ein Herzschlag, wie mein Herzschlag? Ich erschrak ein bisschen, aber nicht sehr, und spürte eine intensive Beziehung zu dem Bild.
Nach einiger Zeit ging ich wieder in die Rezeption, und weil ich Hunger hatte, fragte ich die Brüder, ob ich etwas zu essen bekommen könne. Sie sagten, ich solle

wieder in den Salon gehen und warten. In der Zeit, als ich mit den Brüdern redete, musste es geschehen sein, dass die junge Frau unbemerkt in die Wohnung eingedrungen war. Ich kam in den Salon, und da kniete sie auf einem Sofa, klammerte sich mit den Händen an das Bild von Maulana Scheich Mohammed Osman und blickte über ihre Schulter zu mir herüber. Es war eine zarte junge Frau in einem hellen Gewand. Ich spürte, dass von ihr keine Gefahr ausging und dass sie Hilfe suchte.

Ganz kurz danach kam Maulana Scheich Ibrahim mit mehreren Begleitern und ging sofort in sein Zimmer. Ich trat aus dem Salon in den Eingangsraum, aber ich kam zu spät, um ihn noch zu begrüßen.

Dann geschahen offenbar mehrere Dinge gleichzeitig, so dass ich den Überblick verlor. Ein älterer Ägypter sprach in einem ziemlich energischen, fast herrischen Ton mit der jungen Frau. Die Brüder stellten ein riesiges Tablett auf den Tisch im Eingangsraum und nötigten mich zu essen: Fladenbrot, Käse, Tomaten usw., alles in großen Mengen. Ich schämte mich, denn so viel hatte ich mir nicht gewünscht, und alle Brüder, die ich aufforderte, mitzuessen, nippten nur ein bisschen. Aber dann setzte ich mich hin und aß und beschloss, auf die vielen Herumstehenden nicht zu achten. Auf einmal erschrak ich, - sanft, möchte ich sagen, nicht heftig, denn links neben mir auf dem Sofa saß die junge Frau und sah mich an. Ich wusste genau was sie wollte. Ich lud sie mit einer Handbewegung ein sich

zu bedienen und sagte: »Tafaddal – bitteschön.« Sie sagte: »Schukran – danke.« Ich sagte: »Afwan – keine Ursache.« Ich war sehr glücklich, diese drei Wörter Arabisch zu verstehen.
Nach einiger Zeit nahm ich die Karaffe, schüttete mir etwas Wasser ins Glas und trank einen Schluck. Sie hielt mit dem Essen inne und sah auf das Glas. Ich verstand was sie wollte, aber ich zögerte einen Moment. Mir kam der Gedanke: Wenn das so weiter geht in diesem Tempo, sind wir dann in ein paar Stunden verheiratet? Ich schüttete noch etwas Wasser nach und reichte ihr mein Glas: »Tafaddal – schukran – afwan.« Als ich aufblickte, sah ich: Vor uns stand ein ganzer Kreis von Menschen, die uns beim Essen schweigend zugesehen hatten. Das Ganze löste sich auf, als dann zwei Leute an mich herantraten, ein Mann und eine Frau. Sie bedankten sich bei mir vielmals. Es waren Verwandte der jungen Frau; sie sagten, die Frau habe seit vier Tagen zum ersten Mal wieder gegessen und getrunken, und sie sei auch nicht mehr verrückt.
Als sie die Treppe hinunter gegangen waren, sagte ein junger ägyptischer Bruder, mit dem ich vorher viel zusammen gewesen war: »I am afraid – ich habe Angst.« Ich sagte spontan: »There is no danger at all – da ist überhaupt keine Gefahr.« Ich war selbst überrascht von meiner Antwort. Es war alles so schnell gegangen, dass ich nicht ganz mitgekommen war. Auf jeden Fall war ich nicht derjenige, der diese Frau geheilt hatte.

Der Impuls zum Besseren

Mein Freund Ali machte eine Pause. »Ich sehe keinen rechten Sinn in der Geschichte«, sagte ich. Da fuhr er fort:

»Am Anfang saß ich nur da und beobachtete, wie die ägyptischen Brüder mit dem Problem umgingen, das diese Frau für sie darstellte. Als ich mich dann auf das Geschehen einließ, änderte sich alles. Ich erkannte die Sehnsucht der jungen Frau, als sie sich an das Bild klammerte. Und als sie neben mir saß, erkannte ich meine Sehnsucht nach einer Beziehung, die auf gegenseitiger Achtung beruht. Meine letzte Beziehung zu einer Frau hatte im Streit geendet, in schlimmem Streit.«

»Du meinst, die Sache hat dir Hoffnung gegeben?« – »Ja, wirklich! Ich war sehr glücklich, mit drei Worten Konversation machen zu können.« Wir kamen ein wenig ins Philosophieren. Ich sagte: »Immanuel Kant zeigt einen Weg, wie man dazu beitragen kann, die Welt zu verbessern: Man soll seinen Mitmenschen mit Achtung begegnen. Man soll ihnen signalisieren, dass man ihnen Gutes zutraut und von ihnen erwartet, dass sie gut handeln. Dadurch gibt man der Welt einen Impuls zum Besseren. Man darf sich nicht dadurch entmutigen lassen, dass die Menschen vielleicht doch schlecht handeln. Darauf muss man gefasst sein, sagt Kant.« Ali sagte: »Die Verwandten betrachteten die junge Frau als verrückt. Aber wer weiß, vielleicht war dieses Verhalten ihre einzige Möglichkeit, zu den Scheichs vorzudringen.« Mein Freund und ich, wir waren uns einig: Wer sich den Scheichs nähert und sich auf das einlässt, was von ihnen kommt, für den wenden sich oft die Dinge zum Besseren.

Der Yogi in der Eishöhle

Ein Bruder, ungefähr gleich alt wie ich, aber mit einer ganz anderen Lebensgeschichte, gab mir folgenden Bericht über seine Begegnung mit Maulana Scheich Mohammed Osman.

Ich arbeitete in Nepal, im Dienste der Evangelischen Kirche Deutschlands, mit der Organisation »Dienste in Übersee«. Während dieser Zeit unternahm ich Bergbesteigungen im Himalaja. Einmal wollte ich zusammen mit einem Bekannten einen Gipfel im Anapurna-Gebiet besteigen. In 4200 Metern Höhe wollten wir unser Basislager aufschlagen und wählten dafür eine Höhle am Rande einer Gletschermoräne. Als wir die Höhle betraten, in unserer Hochtouren-Daunenbekleidung, saß darin ein Yogi, regungslos, im Schneidersitz, nur mit einem Lendentuch bekleidet. Der Anblick ließ mich erstarren. Ich war ein geübter Bergsteiger und hatte schon viele Gipfel bestiegen. Daher wusste ich, was ein Mensch in dieser Eiseskälte aushalten kann. Der Yogi: Wir näherten uns ihm, sprachen ihn an, wir berührten ihn vorsichtig, er zeigte keine Reaktion. Er

schien nicht zu atmen, aber dennoch waren wir sicher, er lebte.
Wir vollendeten die Bergbesteigung und kehrten nach ein paar Tagen in die Höhle zurück. Der Yogi saß immer noch genauso da. Anscheinend hatte er sich in der Zwischenzeit überhaupt nicht bewegt. Aber es waren Bergbewohner gekommen, die verehrten den Yogi als Heiligen und wollten ihn, nach etwa drei Wochen in der Höhle, wieder ins Tal zurück begleiten.
Das Erlebnis mit dem Yogi erschütterte mein Weltbild. Es waren offenbar auf dieser Erde Dinge möglich, die ich für unmöglich gehalten hatte, die mein Denken auf den Kopf stellten. Dieses Erlebnis passte in eine Kette von aufrüttelnden Erfahrungen und auch schmerzhaften Erkenntnissen. Nach acht Jahren Aufenthalt im Ausland kehrte ich nach Deutschland zurück. Ich entschloss mich, evangelische Theologie zu studieren, um zu den Wurzeln meiner Religion zu kommen und die Spiritualität in meiner Religion zu entdecken.

Höchstens noch etwas Glut in der Asche

Ich stellte einen Stipendienantrag bei der Landeskirche und erhielt eine Stipendienzusage, die mein Studium und den Lebensunterhalt meiner Familie sicherstellte. Im Gegenzug hatte ich meine Absicht zu erklären, protestantischer Pfarrer zu werden. Während des abschließenden Gesprächs warnte mich Bischof K., ich müsse wissen, ob ich das Studium wirklich aufnehmen wolle, wenn es mir um die Suche gehe, von der ich gesprochen hätte. »In unsrem Ofen brennt kein Feuer mehr. Es ist höchstens noch etwas Glut in der Asche.« Dann händigte er mir die unterschriebene Stipendienvereinbarung aus, die ich am nächsten Tag unterzeichnet beim Theologischen Seminar abgeben sollte.

In der Nacht hatte ich einen Traum von einem alten Sudanesen. – Ich kannte den Sudan, denn ich war bereits beruflich dort gewesen. – Der alte Mann kam zu mir und sagte mit Bestimmtheit: »Du unterschreibst den Vertrag nicht, das ist nicht dein Weg.« Dieser Traum war so intensiv und eindeutig, dass ich dann auch tatsächlich nicht unterschrieben habe.

Ich suchte anderswo meinen Hunger nach Spiritualität zu stillen. In Bayern gab es das »Zentrum für Individual- und Sozial-Therapie ZIST«. In den Jahren 1976 bis 1978 nahm ich dort an Selbsterfahrungsgruppen teil. In Zist traf ich auch einige spätere *Burhanis*. Eines Tages tauchte ein Sufi auf, ein Ägypter, Dr. Salah Eid. Er hielt in ZIST Kurse ab, die er »*Chulwat*« nannte, einen dreitägigen Rückzug von der Welt, ohne bzw. fast ohne Schlaf, ohne Essen, ohne Sprechen. Dieser Mann beeindruckte uns alle sehr, und durch ihn entstanden die ersten Gruppen der *Burhaniya* in München, Berlin, Hamburg, Bremen und Schnede, in Heidelberg und Stuttgart.

Ich kann nie mehr verloren gehen

Nach meinem ersten *Chulwat* mit Salah Eid wusste ich: Hier kommt etwas ganz Neues auf mich zu. Wenn ich hier weiter mache, werde ich nie wieder der Alte sein. Das machte mir Angst. Ich hatte mich schon für den nächsten *Chulwat* angemeldet, bin dann aber nicht hingegangen. Erst nach einem Jahr entschied ich mich: Ich will nicht länger davonlaufen. Das ist mein Weg, hierhin zieht es mich mit aller Macht, ich bin endlich angekommen.

In meiner Stadt gab es keine *Burhani*-Gruppe, ich war auf mich allein gestellt. Im Herbst 1981 schloss ich mich zwei *Burhanis* an, die nach Khartum fliegen wollten, um Maulana Scheich Mohammed Osman zu treffen. Sie standen mir nicht besonders nahe. Was uns unterschied: Sie meinten, der Weg, die *Aurad*, das Jenseits sei das einzig Wichtige, das Diesseits sei belanglos. Das regele sich alles von selber. Ich war und bin heute noch der Meinung, dass man berufliche, finanzielle, familiäre Verpflichtungen nicht vernachlässigen darf, dass man mit Terminen, Tickets, Pässen und Gepäck sorgfältig umgehen soll.

Wir flogen gemeinsam von Frankfurt nach Kairo. Dort trafen wir zwei weitere deutsche *Burhanis*, mit denen wir nach Disuq zum Grabmal von Sidi Ibrahim fuhren. Am Grabmal unseres Ordensgründers machte ich eine Meditation und war eine Zeitlang völlig entrückt. Die anderen mussten mich massieren und mich sozusagen

in diese Welt zurückholen. Ich weiß nicht, was mit mir passiert ist und wo ich gewesen bin.
Dann in Khartum: Ich erinnere mich an eine Lecture mit Maulana Scheich Mohammed Osman in der *Zauwiya* nachts im Mondschein. Er war, mit seinen achtzig Jahren, ein wunderschöner Mann. Es ist nicht übertrieben, wenn ich sage: Liebe entstand allein schon durch seinen Anblick. Seine Eigenschaften waren Demut, Güte, Liebe, die alle Grenzen überschreitet. Ich war drei Tage in seiner Nähe; die gaben mir die absolute unumstößliche Bestätigung, dass dies mein Weg ist. Ich hatte und habe die Gewissheit: Nun kann ich nie mehr verloren gehen. Es mag seltsam erscheinen: Ich hatte das Bild von einem Fisch mit einem Haken im Maul, und dieser Fisch ist für immer gerettet.

Fang endlich an!

Unser Aufenthalt in Khartum neigte sich dem Ende zu. Ich spürte dunkel, dass mir noch etwas fehlte, dass ich noch etwas bekommen möchte. In meinen Augen hatten die anderen beiden sehr viel bekommen. Der eine Bruder war interessiert an Spezialaurad, an speziellen Gebeten für bestimmte Lebenssituationen, und er bekam all seine Wünsche erfüllt. Der andere war Heilpraktiker, und er bekam reichlich geschenkt aus dem Schatz der Sufi-Medizin. Wir Deutschen sprachen nicht Arabisch, wir brauchten einen Übersetzer, wenn wir

Maulana Scheich etwas fragen wollten. Immer wenn ich eine Bitte äußerte, bekam ich zur Antwort: »Mach du nur deine *Aurad*.« Die Antwort kam nicht von Maulana Scheich selbst, sondern aus seiner Umgebung. Ich war enttäuscht: Die anderen bekamen Geschenke, ich wurde unter Druck gesetzt, so dachte ich damals manchmal eifersüchtig.

Maulana Scheich Mohammed Osman saß in seinem Gärtchen, es war Mittag, es war heiß. Ich war allein bei ihm. Ich sagte zu ihm: »Die *Aurad* schaffe ich nicht. Ich habe in meinem Beruf oft zwölf, manchmal fünfzehn Stunden täglich zu arbeiten.« – »Dann mach die Meditation!« – »Das schaffe ich auch nicht.« – »Verkürze die Einleitung!« – »Das ist noch zu viel.« – Maulana Scheich selbst sank in Meditation. Sein Kopf lag auf dem Tisch. Dann erlaubte er mir noch eine weitere Verkürzung der Einleitung, ich solle diese Erleichterung niemandem weitersagen.

Wir haben dieses Gespräch geführt, das weiß ich. Ich weiß nicht, ob in Deutsch oder Englisch oder in welcher Sprache sonst.

Meiner Mutter habe ich ein kleines Foto von Maulana Scheich Mohammed Osman geschenkt. Ich sagte: »Du kannst mit dem Bild sprechen und schauen, ob es dir hilft.« Meine Mutter wollte vom *Islam* nichts wissen. Mit dem Bild hat sie sich sehr wohl gefühlt. Sie hatte das Bild immer an ihrem Bett stehen und sie legte es in jedes Buch, das sie las.

Sie sagte: »Manchmal hat er mich etwas streng angeschaut, manchmal hat er mich angelächelt.« Das Bild hat sie zehn Jahre lang bis an ihr Lebensende begleitet.

Wie die Scheichs lehren

Ich bin gesandt, die edlen Charaktereigenschaften (der Geschöpfe Allahs) zu vollenden.

Ausspruch des Propheten Mohammed, Gottes Frieden und Segen sei mit ihm[14]

»Am Anfang des Weges konnte ich mich wie ein kleiner Prinz fühlen, alles drehte sich um mich, alle Türen gingen fast von selbst auf.« So sagte ein Bruder, und ähnlich empfanden es viele Brüder und Schwestern auf dem Weg. Den *Islam* und meinen Alltag in Einklang zu bringen, war leichter als ich dachte. Aber dann beginnt eines Tages die harte Arbeit. Es geht darum den Charakter zu verbessern. Wir werden geprüft, ob unsere Absicht rein ist. Letzten Endes sind wir dabei die Prüfinstanz, denn wir wissen selbst, was wir tun. Die Scheichs lehren uns dabei vor allem durch ihr Beispiel. Einige Scheichs halten Lectures. Darüber hinaus haben sie noch besondere Methoden.

Wer hat die bessere Handschrift?

Ich glaube es war Anfang Oktober. Viele deutsche Brüder und Schwestern waren in Schnede versammelt und viele in Deutschland studierende Sudanesen. Scheich Hussein, der jüngere Bruder von Maulana Scheich Ibrahim, war nach Schnede gekommen. Er sprach kein Deutsch, nur Englisch und Arabisch. Scheich Hussein war fast den ganzen Tag mit den jungen sudanesischen Brüdern zusammen. Und fast den ganzen Tag, wenn sie nicht gerade zusammen kochten, erzählten und scherzten sie miteinander. Einige von den deutschen Brüdern fingen an sich zu ärgern, sie hatten von Scheich Hussein anderes erwartet, mehr Ernst sozusagen. Wir, die »Hardliner« der *Tariqa*, ich gehörte auch dazu, waren es gewohnt zum Frühgebet aufzustehen und anschließend *Aurad* zu machen. Morgens früh sah man keine Sudanesen, auch Scheich Hussein war nicht zu sehen. Aber bis spät in die Nacht waren sie wach gewesen. In den Köpfen einiger deutscher Brüder rumorten Gedanken, die ich hier nicht unbedingt wiedergeben will. Da fing Scheich Hussein nachmittags in der Halle von Schnede an zu erzählen. Er erzählte zwei Geschichten:

Als Saidnal Hassan und Saidnal Hussein noch Kinder waren, stritten sie sich, wer die bessere Handschrift habe. Sie gingen mit ihren Blättern zu Saidatina Fatima, ihrer Mutter. Saidatina Fatima sagte: »Ich kann das nicht entscheiden, ihr müsst euren Vater Saidna Ali fragen.« Saidna Ali sagte: »Ich kann das nicht entscheiden, ihr müsst den Propheten Mohammed fragen.« Der Prophet sagte: »Da muss ich Saidna Gibrail, den Erzengel, fragen.« Saidna Gibrail sagte: »Da muss ich Allah den Erhabenen fragen.« Allah der Erhabene sagte: »Die Mutter soll entscheiden.« So kam die Sache zu Saidatina Fatima zurück. Saidatina Fatima nahm ihre Perlenkette ab und sagte: »Ich werde jetzt meine Perlenkette zerreißen und die Perlen fallen lassen. Wer von euch die meisten Perlen findet, der hat die bessere Handschrift.« Da sagte Allah der Erhabene zu Saidna Gibrail: »Du sorgst dafür, dass keiner von den beiden mehr Perlen findet als der andere. Wenn es doch passiert, dann streiche Ich dich aus der Liste der Engel!«

Ich habe siebzig Hadithe korrigiert

Dann fuhr Scheich Hussein fort: Einmal besuchten sich zwei große Rechtsgelehrte und Heilige, Imam Schafi´i und Imam ibn Hanbal, auf die zwei Rechtsschulen des *Islam* zurückgehen. Ich weiß nicht mehr genau, wer wen besuchte, sagen wir mal, Imam Schafi´i besuchte Imam ibn Hanbal. Imam ibn Hanbal hatte zu seiner Tochter gesagt, ein großer Heiliger werde zu Besuch kommen, und die Tochter hatte für den Besuch gut und reichlich gekocht. Sehr erstaunt war die Tochter, als der Gast alles bis auf den letzten Rest aufaß und dann zu Bett ging. Noch mehr erstaunt war sie, als der Gast das Morgengebet verrichtete, ohne vorher die

Waschung gemacht zu haben. - Die rituelle Waschung muss man vollziehen, wenn man geschlafen hat und beten will. - Die Tochter sprach heimlich mit ihrem Vater: »Du hast gesagt, dein Gast ist ein großer Heiliger. Erst isst er sehr sehr viel, dann betet er das Morgengebet, ohne die Waschung gemacht zu haben. Das soll ein Heiliger sein?« Der Vater antwortete: »Frage ihn selbst.« Da fasste sich die Tochter ein Herz und fragte den Gast: »Ich weiß, Ihr seid ein großer Gelehrter. Darum frage ich Euch, warum Ihr so gehandelt habt. Am Abend habt Ihr viel gegessen, und am Morgen habt Ihr gebetet, ohne vorher die Waschung zu machen.« Imam Schafi´i antwortete: »Man soll mäßig sein im Essen. Aber wenn man zu Gast ist bei einem Geliebten – das heißt einem Heiligen -, dann ist ein spezieller Segen von Allah in dem Essen versteckt. Und weil ich nicht wusste, in welchem Bissen der Segen versteckt war, am Anfang, in der Mitte oder am Ende, habe ich alles aufgegessen. Dann bin ich zu Bett gegangen, ich habe aber nicht geschlafen, sondern zusammen mit dem Propheten Mohammed, Gottes Segen und Frieden sei mit ihm, siebzig *Hadithe* durchgesprochen und korrigiert.« Ich glaube, an dieser Stelle bekamen einige von den deutschen Brüdern rote Ohren.

De Coeur

In den achtziger Jahren war Maulana Scheich Ibrahim zu Gast in der *Zauwiya* München. Er hatte nur wenige sudanesische Begleiter mitgebracht, und die waren nicht für den persönlichen Service zuständig. Den persönlichen Service mussten also die deutschen Brüder schaffen. Man muss sich vorstellen, was ein solcher Besuch bedeutete. Alle 400 Brüder und Schwestern aus Deutschland wollten Maulana Scheich begrüßen, viele wollten mit ihm ausführlich ihre persönliche Situation besprechen, viele brachten ihre Verwandten und Bekannten mit, es kamen zahlreiche Interessenten, es gab viele Einladungen, die Tür von Maulana Scheichs Zimmer war nur drei bis vier Stunden pro Tag geschlossen. Pausenlos gab es für den Service etwas zu tun: Sitzgelegenheiten besorgen, Essen und Trinken für die Gäste herbeischaffen, Bestellungen und Nachrichten weitergeben...

Nach ein paar Tagen waren die Münchner Brüder mit ihren Kräften völlig am Ende. Da sprangen ein paar norddeutsche Brüder ein, einer von ihnen Günter aus Bremen. Er erzählte: »Der Job war für uns sehr stressig, weil Maulana Scheich sich fast gar keine Ruhepause gönnte. Wir wurden alle bis an unsere Grenzen gefordert. Wir waren bald auch nicht mehr fähig, freundlich zu den Brüdern und Schwestern zu sein. Da sprach Maulana Scheich mich an, zeigte auf meine Armbanduhr und fragte: ‚Ist das eine Seiko-Uhr?' Ich verstand die Frage überhaupt nicht und sagte: ‚Nein.' Am nächsten Tag fragte er wieder: ‚Ist das eine Seiko-Uhr?' Da guckte ich auf das Zifferblatt und las den Namen: de Coeur. Plötzlich wusste ich, was Maulana Scheich meinte: de coeur – von Herzen. Man soll sich nicht in Stress bringen lassen, weil man perfekt sein will, sondern man soll von Herzen das tun, was man kann. Mehr wird nicht verlangt.«

Die Nase des Esels

Ein junger Sudanese erzählte mir, wie er zu Maulana Scheich Mohammed Osman kam: »Ein Bekannter nahm mich mit zu der *Zauwiya*, wo Maulana Scheich seine Schüler unterrichtete. Der Scheich saß in einem Sessel und beantwortete Fragen, teils indem er kurze Antworten gab, teils durch längere Geschichten und Vorträge. Ich fand es unfassbar, ja empörend, mit welcher Ehrfurcht ihn die Schüler behandelten. Jeder, der neu hereinkam, kniete vor ihm nieder und küsste ihm die rechte Hand. Ich dachte: Er ist doch auch nur ein Mensch. Das gehört sich nicht! Ich werde so etwas niemals tun! Grollend setzte ich mich in eine Ecke des Raumes. Mitten in seinem Vortrag wechselte der Scheich das Thema. Er erzählte von einem Schüler, der eine weite Reise machte, um seinen Scheich zu besuchen. Er sah, wie die Schüler um den Scheich herum saßen, wie sie ihm die Hand küssten. Er selbst hockte sich am Eingang des Raumes hin und wagte kaum aufzublicken. Er dachte, er sei es nicht wert, dem Scheich die Hand zu küssen. Er ging wieder nach draußen. Draußen war der Esel des Scheichs angebunden. Da ging er hin und küsste den Esel seines Scheichs auf die Nase. Als ich das hörte, fing ich an zu weinen und zu schluchzen. Denn ich wusste, der Scheich hatte die Geschichte für mich erzählt. Seitdem bin ich sein Schüler, und für immer. Vorher war ich sehr stark und sehr schnell und sehr stolz. Stolz bin ich seitdem nicht mehr.«

Der Islam ist nicht streng

Ein Bruder berichtete:
Hauliya-Festtage in Schnede, ein sonniger Sommernachmittag. Kinder laufen herum und spielen, Vögel singen, Brüder und Schwestern sitzen unter den hohen Bäumen auf einem ausgerollten Teppich vor dem großen alten Haus. Der Scheich hat in einem niedrigen Sessel Platz genommen, neben sich ein kleines Tischchen mit Tee, Obst und Plätzchen. Um ihn herum Brüder aus dem Sudan und aus Ägypten, mit denen er ab und zu einige Bemerkungen wechselt, scherzt und lacht. Immer wieder kommen einzelne europäische Brüder und Schwestern zu ihm, um ihn etwas zu fragen, um ihn um ein Bittgebet für ein bestimmtes Anliegen zu bitten, um ihm eine Nachricht zu bringen.

Die meisten lesen, wie auch ich, ihre *Aurad* und genießen es, entspannt in der Nähe Maulanas zu sein.
Auf einmal bemerke ich eine Frau mittleren Alters, die sich, unübersehbar und auffällig, direkt vor Maulana Scheich hinsetzt. Sie strahlt eine fast finstere Entschlossenheit aus. Sie baut sich sozusagen vor ihm auf und stellt ihm schließlich eine Frage.
Oft sind die Antworten des Scheichs auf bestimmte Fragen so, dass auch ungestellte Fragen anderer Zuhörer mit beantwortet werden, und so ist es nicht unbeliebt, etwas aufmerksamer zuzuhören, wenn ein Bruder oder eine Schwester um eine Stellungnahme zu einem Problem bittet. Es sei denn der Fragesteller wünscht ausdrücklich ein vertrauliches Gespräch. Die Art und Weise der Frau macht deutlich, dass es sich um eine für sie sehr wichtige Frage handelt, man spürt ihre Anspannung, und ich bewege mich etwas nach vorne um zu hören, was besprochen wird. Ein paar andere rücken ebenfalls vor.
Die Frau erzählt, dass sie Muslima sei, ihr Ehemann aber nicht. Das ist nach islamischem Recht nicht gestattet. Die Frau macht den Eindruck, als sei sie sich dessen sehr wohl bewusst und als habe sie nur den Wunsch, »von ganz oben« noch einmal bestätigt zu bekommen, dass es richtig sei, dieses Verbot des islamischen Gesetzes, sozusagen ohne Rücksicht auf Verluste, in ihrem Privatleben anzuwenden. Nachdem sie ihr Anliegen vorgetragen hat, sieht sie Maulana Scheich erwartungsvoll an. Der jedoch antwortet nicht, son-

dern dreht seinen Kopf ein wenig, scheint aufmerksam die Wipfel der Bäume zu betrachten und sagt dann schließlich etwas auf Arabisch. Die wenigsten der deutschen *Burhanis* sind des Arabischen mächtig, so dass unsere Augen nun an den Lippen des Übersetzers hängen, denn mittlerweile wollen auch wir unbedingt wissen, wie der Scheich die Sache einschätzt. Der Übersetzer: »Maulana hat gesagt: ‚Der *Islam* ist nicht streng.'«

Mit dieser Antwort ist die Fragestellerin ganz offensichtlich nicht zufrieden. Sie spricht schnell und wiederholt ihr Anliegen, dass sie Muslima sei, dass es doch einer Muslima verboten sei, mit einem nichtmuslimischen Mann verheiratet zu sein und was denn Maulana Scheich dazu sagen würde. Mit etwas skeptischem Blick übersetzt der Bruder noch einmal die Frage für den Scheich ins Arabische. Alle warten gespannt, welche Antwort nun kommen wird.

Wieder lässt sich der Scheich etwas Zeit mit seiner Antwort, wieder blicken alle, nachdem diese erfolgt ist, gebannt den Übersetzer an. Noch langsamer und eindringlicher wiederholt er die Worte:

»Maulana hat gesagt: ‚Der *Islam* ist nicht streng.'«

Aber auch jetzt ist die Frau nicht zufrieden, das ist eindeutig nicht die Antwort, die sie erwartet hat und die zu befolgen sie offensichtlich so grimmig entschlossen ist. Noch ein drittes Mal stellt sie die gleiche Frage und bittet Maulana Scheich um eine Stellungnahme.

Auch diese Frage wird für den Scheich übersetzt. Mitt-

lerweile ist es sehr still geworden. Fast alle halten den Atem an in Erwartung der Antwort. Diese erfolgt umgehend, nicht in ärgerlichem, sondern eher in geduldigem Ton, wie wenn man einem Kind, das schwer von Begriff ist, etwas erklären will. Die Übersetzung lautet:
»Maulana hat gesagt: ‚Der *Islam* ist nicht streng.'«
Da gibt die Frau auf, sie erhebt sich und geht weg.

Sie haben ja ein Ticket von gestern

Ein Bruder erzählte mir:
Ich wollte nach Khartum zur *Hauliya* von Maulana Scheich Mohammed Osman. Ich hatte mich erst sehr spät dazu entschlossen und deshalb die Reisegruppe verpasst.
Ich fuhr mit dem Auto nach Frankfurt zum Flughafen. Auf der Autobahn geriet ich in einen riesigen Stau und kam deshalb etwas zu spät am Flughafen an. Das Bodenpersonal der Fluggesellschaft war noch am Schalter, außerdem standen dort noch mehrere Ägypter, die offenbar Stand-by-Tickets hatten, das heißt sie kamen zum Schalter und probierten, ob sie einen freien Platz bekamen. Eine Stewardess kontrollierte mein Ticket und sagte dann: »Morgen Nachmittag können Sie bestimmt mitfliegen und auch alle anderen Wartenden. Wir setzen morgen zwei Maschinen ein. Kommen Sie bitte möglichst früh.«

Ich benutzte die Gelegenheit eine befreundete Familie zu besuchen und übernachtete dort. Am Nachmittag fand ich mich frühzeitig am Schalter ein. Schon vor mir hatte sich dort eine Gruppe von Ägyptern versammelt, vor allem Familien mit Kindern. Ich zeigte mein Ticket und bekam die Antwort, ich solle warten. Anscheinend herrschte eine gewisse Unruhe oder Aufregung in der Crew hinter dem Schalter, warum, das verstand ich zunächst nicht.

Die ersten regulären Fluggäste kamen und wurden abgefertigt. Die Zeit verging langsam. Ich konnte mein Gepäck nicht abgeben. Dann kam eine große Gruppe deutscher Touristen mit einem Reiseleiter. Sie fielen auf durch Namensschildchen, durch viel Gepäck und durch eine hyperaktive vorurlaubsmäßige Aufgedrehtheit. Es stellte sich bald heraus: Die Fluggesellschaft hatte diese Reisegruppe »vergessen«, beide Maschinen waren voll ausgebucht, es gab keine Chance mehr für Leute mit Stand-by-Ticket.

Obwohl das von einem Steward bekannt gegeben wurde, blieben die ägyptischen Familien stehen. Die Mitglieder der Reisegruppe zeigten unterschiedliche Reaktionen: Einige mokierten sich über orientalische Unzuverlässigkeit und Unpünktlichkeit, andere empörten sich. Sie verlangten vom Reiseleiter, er solle bei der Fluggesellschaft Druck machen und sich das nicht gefallen lassen.

Der Reiseleiter, flankiert von zwei Mitgliedern seiner Gruppe, verhandelte mit einem Steward der Fluggesellschaft. Nach einigem Hin und Her einigte man sich offenbar auf einen Kompromiss, die Reisegruppe verließ den Platz und ging in ein Hotel.

Ich war zunächst wie gelähmt. Ich hatte bisher den Glaubenssatz: »Wer zum Scheich gehen will in guter Absicht, dem helfen alle Scheichs.« Ich begann zu zweifeln. War meine Absicht nicht gut? Oder stimmte der Satz nicht?

Daraufhin ging ich noch einmal zum Schalter und zeigte mein Ticket. Die Stewardess sagte: »Sie haben ja ein Ticket von gestern! Sie haben überhaupt keine Chance.« Ein Steward und eine Stewardess gingen zu der Gruppe von ägyptischen Familien und sprachen mit ihnen auf Arabisch. Darauf löste sich die Gruppe langsam auf und die einzelnen Familien verließen den Raum.

Ich blieb neben meinem Koffer stehen und wartete, was passieren würde. Mit großer Zuversicht war ich vor knapp drei Stunden dort angekommen und hatte einiges durchgemacht. Ich hatte mich gefragt, was das Ganze für mich bedeuten sollte, ob ich etwas falsch gemacht hatte. Ich hatte viele *Fatihas* für Maulana Scheich Ibrahim gelesen und ihm – innerlich – gesagt, ich wolle zur *Hauliya*, ich wolle nicht unverrichteter Dinge nach Hause fahren, er möge mir erlauben hinzukommen.

Sie sind ja immer noch da

Alle Fluggäste hatten sich entfernt, die Mannschaft hinter der Theke war mit Aufräumen beschäftigt, eine Stewardess nahm einen Packen Papiere und wendete sich in Richtung Flugsteig, wo die zweite Maschine kurz vor dem Abflug zu sein schien. Sie sah mich da stehen, kam auf mich zu und sagte: »Sie sind ja immer noch da.« Dann setzte sie hinzu: »Eine Stewardess hat sich krank gemeldet. Ich will mal den Kapitän fragen, ob er Sie auf dem Stewardessen-Platz mitnehmen kann. Wo müssen Sie denn hin?« – »Ich muss dringend nach Khartum.« – »Kommen Sie schnell. Wir haben schon Verspätung.« Sie ging mit mir durch die Kontrolle, dann aufs Rollfeld, ich immer hinterher mit dem Koffer in der Hand. An der Treppe zum Flugzeug ließ sie mich stehen und trippelte die Stufen hinauf. Kurz danach winkte sie mir aus der Flugzeugtür, ich solle kommen. Jemand trug meinen Koffer hinauf und stellte ihn beim Kapitän im Cockpit unter.

Dann ging es rasant: Man führte mich zu meinem Notsitz gegenüber der Bordküche im Heck des Flugzeugs, zwei Stewardessen schnallten mich an, schon heulten die Motoren, und in kurzer Zeit waren wir in der Luft. Meine »Kolleginnen« und mein »Kollege« schnallten sich los und beschäftigten sich in der Küche bzw. gingen in den Fahrgastraum. Das Essen wurde verteilt, und ich bekam auch eine Portion.

Ich saß mit dem Rücken zur Fahrtrichtung, konnte

zwar die Hantierungen der Stewardessen in der Küche beobachten, aber sonst sah ich nichts. Letzten Endes war es ein Notsitz, und ich machte mir Gedanken, wie ich viereinhalb Stunden bis Kairo dort verbringen sollte.

Eine Stewardess kam zu mir und sagte: »Der Kapitän hat mit Kairo gesprochen, dass die Anschluss-Maschine nach Khartum auf Sie warten soll. Er sagt, wenn Sie wollen, können Sie hinter ihm im VIP-Raum Platz nehmen.« Natürlich ging ich nach vorne, und als ich dort im Sessel Platz nahm, stand neben mir mein Koffer.

Nach der Landung wurde ich als Erster aus dem Flugzeug gelassen. Eine Stewardess machte mir den Weg frei und sagte: »Dieser Passagier braucht dringend seinen Anschlussflug nach Khartum.« So kam ich doch noch pünktlich zur *Hauliya*.

Aufrechter Gang

Es war in Khartum. Ich sah einen Bruder, einen Freund von mir, aus dem *Maqam* kommen. Er schüttelte mehrmals den Kopf, er lächelte vor sich hin, es sah aus, als wenn ihm etwas Unglaubliches passiert wäre. Am Nachmittag fragte ich ihn, ob etwas gewesen sei. Da erzählte er mir:

Heute morgen saß ich im *Maqam* von Maulana Scheich Mohammed Osman an die Wand gelehnt und machte *Auradübungen*. Da sah ich einen Mann, der unglaublich verschleimt war. Er hielt ein Tuch vor sich und rotzte und spuckte fast unaufhörlich hinein. Trotzdem ging er um den *Maqam* herum, fasste mit der freien Hand an die Gitterstäbe und schien sogar - sehen konnte ich es nicht – aus dem Wasserbecken zu trinken. Ich sah diesen Mann mehrmals hereinkommen und wieder hinausgehen. Schließlich wurde der Verschleimte von einem weißgekleideten Sudanesen darauf hingewiesen, er solle hinaus gehen und sich den Schleim aus dem Gesicht waschen. Als ich dann das Grabmal umkreiste, sah ich an der anderen Seite des Grabmals – also eigentlich an der Frauenseite – einen Mann sitzen, der hielt seinen Kopf mit beiden Händen und wiegte ihn hin und her, wie man ein Baby wiegt. Es war überdeutlich, es war peinlich. Dieser erwachsene Mann hätschelte sich wie ein Neugeborenes. Ich dachte: Haben die beiden sich verabredet? Was wollen sie von mir?

Vor sechs Jahren bin ich das letzte Mal hier gewesen. Als ich damals den *Maqam* betrat, ließ ich meinen Gefühlen und Tränen freien Lauf. Damals, am Anfang meiner *Tariqazeit*, befand ich mich in einem Strudel von Problemen, privat und beruflich, du wirst dich wohl noch daran erinnern. Ich versuchte mit aller Kraft meine Ehe und meine berufliche Position zu retten. Meine Sorgen, meine Trauer, meine Verzweiflung – die konnte ich in meinem Alltag nicht ausdrücken. Hier beim *Maqam* konnte ich es tun. Ich fühlte mich von den Scheichs verstanden, angenommen, getröstet, und ich bat sie um Hilfe für mich, meine Frau und meine Kinder.

Das ist jetzt sechs Jahre her. Es ist nicht alles rosig, aber es geht mir besser als damals. Vor allem meine Kinder haben sich gut entwickelt, sie sind fast erwachsen. Ich hatte wohl angenommen, beim *Maqam* würde alles so sein wie vor sechs Jahren. Aber was damals für mich in Ordnung war, das ist jetzt anscheinend unpassend. Peinlich ist es. Anscheinend soll ich es anders machen. Ich bin aufgestanden, habe eine *Fatiha* gesprochen und die Gitterstäbe geküsst. Dann bin ich aufrecht einmal um das Grab herumgegangen. Ich sah mich sozusagen selbst und dachte: Du musst aufrecht gehen. Danach habe ich den Raum verlassen. Das schien mir ein besseres Verhalten als immerzu den Scheich um Hilfe zu bitten.

Als ich hinausging, dachte ich: Das ist hier ja wie bei Hodscha Nasrudin[15]. Wie bei Hodscha Nasrudin! Der macht es doch wie die beiden Männer: Er verhält sich absonderlich, um seinen Mitmenschen in übersteigerter Form zu zeigen, wo sie sich falsch verhalten.

Maulana Scheich Ibrahim soll einmal zu einer Gruppe von Männern, die vor ihm saßen, gesagt haben: »Was ist der Unterschied zwischen einem Mann und einem Ziegenbock? - Der Ziegenbock hat ebenfalls einen Bart; aber der Mann kann Probleme aushalten, der Ziegenbock kann das nicht.« Einige wollen übrigens gehört haben, dass Maulana von Probleme lösen, nicht von aushalten gesprochen hat. Wie dem auch sei: Jedenfalls wird die Geduld bei den Sufis sehr hoch angesehen. Im Koran heißt es: *Und Allah liebt die Geduldigen.* (3:146)

Wenn du es machst, dann schaffst du es

Maulana Scheich Ibrahim war in Berlin. Er war schwer krank. Trotzdem empfing er täglich Brüder und Schwestern, war erreichbar für Menschen, die mit einem Anliegen zu ihm kamen. – Da war ein etwa vierzigjähriger Mann. Er hatte in seinem Leben vieles ausprobiert. Jetzt führte er zusammen mit seiner Freundin ein alternatives, ich glaube ayurvedisches Restaurant. Er hatte bei Maulana Scheich den Bund genommen, das heißt er war in Gegenwart von Maulana Scheich in den Orden eingetreten. Er bat den Scheich um Unterstützung für seine neue berufliche Existenz. Maulana Scheich gab ihm die Aufgabe, morgens und abends *Aurad* zu lesen. Der Mann wendete sich mit geradezu flehendem Gesicht an Maulana Scheich: »Maulana, das schaffe ich nicht, neben meiner vielen Arbeit für das Restaurant auch noch zwei Stunden täglich *Aurad* zu lesen.« Maulana mit Bestimmtheit: »Wenn du es machst, dann schaffst du es.«
Maulana Scheich fordert, so scheint mir, Vertrauen, Vertrauen auf Allah, auf die Scheichs, auf die *Aurad* und, nicht zuletzt, auf die eigene Entschlossenheit. Wer

als *Burhani* leben will, der lebt nicht in einem Kloster, nicht in der schützenden Einsamkeit der Wüste, sondern mitten in der Welt unter andersdenkenden Menschen, und da braucht es schon etwas Entschlossenheit.

Stationen einer Rückkehr

Ein Bruder erzählte mir:
Vor Jahren hatte ich mich von den Sufis getrennt, hatte eine Gestalt-Therapie gemacht, hatte mich intensiv mit anderen Wegen, anderen Lehren und geistigen Systemen beschäftigt, aber seit einiger Zeit spielte ich häufiger mit dem Gedanken, zur *Tariqa* zurückzukehren. Ich spürte, dass die Sehnsucht wieder stärker wurde, zumal ich in der Zwischenzeit nichts gefunden hatte, was mich auf Dauer so fasziniert und überzeugt hätte, nichts, was mich in einer solchen Tiefe berührt, was ich als so tragfähig empfunden hätte wie den Weg der Sufis, geführt von Maulana Scheich Ibrahim.
In mir wuchs der Entschluss, zu diesem Weg zurückzukehren, und eigentlich hatte ich die Entscheidung schon gefällt, als sich die Gelegenheit bot, mit Interessierten zusammen in einer schönen Umgebung an einem Seminar zum Thema »Meister Eckhardt« teilzunehmen. Wir arbeiteten intensiv an den Texten von Meister Eckhardt, ich harmonierte gut mit den anderen Teilnehmern, die wunderbare Landschaft tat ein

übriges: Mein noch junger Entschluss trat zusehends in den Hintergrund, und schließlich gewann ich ganz den Eindruck, die Beschäftigung mit diesem großen Mystiker könne mir die entscheidenden Antworten auf meine Fragen geben.

Am dritten oder vierten Tag dieses Seminares hatte ich einen Traum. Ich träumte, ich sei in meiner Wohnung, aber die Zimmer waren vollkommen leer, die Wände waren kahl, niemand wohnte darin und alles machte einen unbewohnten und deshalb unwirtlichen, düsteren Eindruck. Auf einmal ging die Tür auf und Maulana Scheich Ibrahim kam mit einigen Begleitern herein. Alle trugen weiße *Ghalabias*, und Maulana betrat die Räume, schaute sich um und zeigte sich verwundert. »Omar«, sagte er zu mir, »was ist das, du hast uns doch eingeladen, warum ist hier alles leer?« Er war keineswegs böse oder verärgert oder enttäuscht, seine Worte hatten nichts Anklagendes. Er war einfach nur erstaunt.

Ich empfand seine Reaktion als sehr milde. Ich hatte ihn ja durch meinen Entschluss, zur *Tariqa* zurückzukehren, eingeladen, nur hatte ich wohl vergessen, ihm meinen Meinungsumschwung mitzuteilen. Diese Milde, die mir noch an anderer Stelle in der *Tariqa* begegnete, obwohl ich lange Zeit gar nicht dazu gehörte, hat mir die Rückkehr sehr leicht und einfach gemacht. Mir kam ein Satz in den Sinn, den ich bei Annemarie Schimmel gelesen hatte. Er stammt aus einem Gedicht von Rumi und lautet etwa so:

»Komm zurück, komm zurück, auch wenn du tausendmal deine Schwüre gebrochen hast[16].«
Einige Zeit später, der Gedanke zurückzukehren war wieder stärker geworden, hatte ich einen weiteren Traum. Ich war in der *Zauwiya* und auf dem Teppichboden lag ein Kompass. Ich nahm ihn auf, schaute ihn an und bemerkte, dass die Kompassnadel direkt nach Mekka zeigte. Aha, dachte ich und legte den Kompass beiseite. Erst später, bei wachem Bewusstsein, wurde mir klar, dass eine Kompassnadel normalerweise nicht nach Mekka zeigt, sondern nach Norden.

Im Atemholen sind zweierlei Gnaden[17]

Wieder einige Zeit später, an einem Samstagmorgen, wachte ich auf, blieb aber noch etwas liegen und dämmerte im Halbschlaf vor mich hin. Auf einmal wurde mir bewusst, dass ich mit jedem Atemzug die *Schahada*, das islamische Glaubenbekenntnis, »atmete«. Bei jedem Einatmen strömten die Worte: »La-ilaha-ill-Allah« in mich hinein und bei jedem Ausatmen die Worte: »Mohammedun-rasulu-llah« aus mir heraus[18]. Das ließ ich einige Zeit geschehen, sah mir sozusagen innerlich dabei zu und spürte dem nach.
Das Ein- und Ausatmen der Glaubensformel erfüllte mich mit großer Zuversicht, ich fühlte mich glücklich und getragen und ließ weiter die Worte in mich hinein- und aus mir herausströmen: »La-ilaha-ill-Allah, Mo-

hammedun-rasulu-llah, la-ilaha-ill-Allah, Mohammedun-rasulu-llah.« Mir war, als wenn ich das Ende eines Seiles in die Hand bekommen hätte, ich hielt es fest und atmete weiter. Ich spürte eine große innere Sicherheit und Gewissheit. Auf einmal dachte ich: »Das ist der Moment! Das lasse ich mir nicht mehr nehmen! Das lasse ich nicht mehr los!« Ich atmete weiter, ganz ruhig, und spürte, wie die Worte der Glaubensformel mich trugen.

Tiefe Freude erfüllte mich, und auch im Laufe des Vormittags, ich absolvierte zu der Zeit eine außerberufliche Weiterbildung, auch während des Unterrichts kehrte ich immer wieder zu diesem Strömen zurück und nahm Kontakt auf zu meinem Atem und zu den Worten: »La-ilaha-ill-Allah, Mohammedun-rasulu-llah«, und die Süßigkeit, die sich mit diesen Worten verband, blieb. Nachmittags fällte ich mit klarem, wachem Verstand die Entscheidung, diese überdeutliche Erfahrung als Ausgangspunkt meiner Rückkehr zur *Tariqa* zu nehmen.

Da ich zu Extremen neige, diese Neigung aber mittlerweile auch durchschaue, beschloss ich, zunächst einmal von den Geboten der Scharia nichts weiter zu praktizieren als die fünf täglichen Gebete, nichts weiter. Ich aß weiter Schweinefleisch, trank Whiskey und lebte auch sonst weiter wie bisher, nur die fünf Gebete verrichtete ich, und diese Gebete wurden zu tragenden Säulen meines neuen Lebens. Unabhängig davon, was zwischendurch in meinem damals noch in

mancher Hinsicht ungeordneten Leben geschah, das tägliche Gebet morgens, mittags, nachmittags, abends und nachts gab mir immer wieder Halt, Sicherheit, Ausrichtung und Orientierung. Während der ganzen Therapie-Zeit hatte ich nach diesem inneren Halt, dem »Archimedischen Punkt«, wie wir damals sagten, gesucht, und nun spürte ich: Ich hatte ihn gefunden!
Ich fühlte, wie ich in meinem Leben langsam wieder festen Boden unter die Füße bekam, wie ich Lust bekam, zuerst etwas *Aurad* zu machen und dann etwas mehr, mir einen Gebetsteppich und einen Kompass zu kaufen und Schritt für Schritt dieser Spur, die ich wiederentdeckt hatte, zu folgen. So begann mein Weg zurück, und heute bin ich sehr, sehr dankbar.

Das Feuer des Streites

Wir waren von Maulana Scheich eingeladen zur *Umra*, zur kleinen Pilgerfahrt. Wir waren eine Gruppe von fünfundzwanzig deutschen Männern und Frauen und vier Kindern. Nach den Ritualen in Mekka fuhren wir nach Medina, um dort in acht Tagen an vierzig Gebeten teilzunehmen, denn es heißt, wenn jemand in Medina an vierzig aufeinander folgenden Gebeten teilnimmt, dann ist er vor der Hölle gerettet.
Jeden Morgen saßen wir Männer mit Maulana Scheich Ibrahim in der Moschee und machten die *Aurad-übungen*. Die Frauen konnten nicht in den Teil der

Moschee, der den Männern vorbehalten ist. Die Frauen fühlten sich überhaupt durch die besonders strengen Vorschriften in Saudi-Arabien eingeengt. Uns allen, Männern wie Frauen, wurde es auf die Dauer ein bisschen viel, immer nur Gebet und *Aurad* und sonst nichts. Wir wussten wohl: Unsere Brüder aus Arabien hatten das Hotel für uns bezahlt. Wir spürten einen Erwartungsdruck, dass wir die Reise ausschließlich als Pilgerreise sehen sollten. Möglicherweise wurden wir von unseren orientalischen Brüdern überschätzt. Viele von uns Deutschen waren erst ganz am Anfang des Sufi-Weges. Man sah es den Gesichtern an: Die Freude des ersten Tages war verflogen. Einzelne fingen an innerlich zu rebellieren. Einige Ehepaare wollten zusammenziehen in Doppelzimmer, schließlich wollten es alle. Der Organisator der Reise war ein in Arabien lebender Sudanese namens Khalid. Nach einigen Tagen war er sichtlich gestresst. Er war wohl auch mit der Einstellung der Deutschen nicht ganz zufrieden.

Einmal blieb ich mit zwei Brüdern noch am Esstisch sitzen. Khalid setzte sich dazu und erzählte eine Geschichte von Iskender/Alexander. »Alexander war ein Heiliger. Bei seinen Wanderungen kam er mit seinen Gefährten durch ein Tal, in dem der Boden von Gold und Edelsteinen bedeckt war. Als sie das Tal verlassen hatten, sagte Alexander: Jeder von euch wird später etwas bedauern, die einen, dass sie nichts mitgenommen haben aus dem Tal, die anderen, dass sie zu wenig mitgenommen haben.« Es war uns Deutschen

klar, was er damit sagen wollte, aber wir wollten nicht noch mehr beten und nicht noch mehr *Aurad* machen, uns schien es längst genug.
Dann sollte die Rückreise erfolgen, und zwar von Medina mit dem Bus nach Dschidda, von da mit dem Flugzeug nach Deutschland. In Medina standen auf einem Parkplatz in der Nähe der großen Moschee immer mehrere Busse und warteten auf Kundschaft. Die vielen Gastarbeiter in Saudi-Arabien unterlagen damals zahlreichen Einschränkungen, unter anderem durften sie weder Grundbesitz haben noch ein Auto kaufen. Wer ein Auto nutzen wollte, musste sich mit einem saudischen Eigentümer einigen. Ich sah, wie Khalid und ein weiterer Sudanese mit einem Busfahrer verhandelten. Der Busfahrer war auch der Eigentümer, ein Saudi; er sah eher wie ein Beduine aus als wie ein Städter. Sie wurden sich offenbar über den Preis einig, und nach längerer Zeit, als endlich unser Gepäck verstaut war, ging die Fahrt in Richtung Süden. Wir Deutschen waren ziemlich erschöpft, zum Teil auch nicht gut gelaunt. Viele wünschten endlich nach Hause zu kommen. Ich beobachtete den Busfahrer. Zwischen ihm und den uns begleitenden Sudanesen gab es offenbar Meinungsverschiedenheiten, worüber, wusste ich nicht. Ich stellte mir vor, dass es dem Busfahrer schwer fiel, eine Gruppe von Pilgern zu fahren, die sich nicht wie in Arabien üblich benahmen. Männer und Frauen saßen nebeneinander, nicht getrennt, die Frauen hatten im Bus ihre Kopftücher abgelegt.

Vorne rechts auf gleicher Höhe mit dem Fahrer saß ein Deutscher, der ständig *Aurad* las, auffällig, mit starker Lippenbewegung.

Viele Saudis waren heftige Gegner des Sufismus, die Regierung hatte Sufi-Orden und lauten *Dhikr* verboten. Möglicherweise dachte der Busfahrer: Wie benehmen sich diese Deutschen! Was bilden die sich ein! Die meisten von uns Deutschen schienen zu denken: Endlich wollen wir uns nicht mehr derartig bevormunden lassen! Vielen merkte man Unlust und Müdigkeit an. So ging die Fahrt über Stunden in Richtung Süden. Als die Zeit zum Abendgebet kam, sagte Khalid zum Busfahrer, er solle anhalten. Der Busfahrer hielt an, dann drehte er sich halb nach hinten und sagte laut etwas auf Arabisch. Sofort stürzte sich Khalid auf ihn und packte ihn. Allen schläfrig dasitzenden Deutschen war sofort klar, dass dies eine ernste Sache war. Die anderen Sudanesen versuchten Khalid wegzuziehen, aber er ließ nicht los. Da sagte eine deutsche Schwester: »Wir müssen jetzt alle die Verse aus den *Aurad* lesen, die Streit löschen.« Alle begriffen: Das war in diesem kritischen Moment dasjenige, was wir tun konnten und tun mussten. Wir saßen auf unseren Plätzen und bewegten leise die Lippen, indem wir siebzigmal den Vers wiederholten, der in ungefährer Übersetzung lautet: »Im Namen Allahs. Wie erhaben ist Allah! Sooft sie das Feuer des Streites entfachten, löschte Allah es aus.«

Die Atmosphäre im Bus hatte sich völlig gewandelt:

Wachheit und konzentrierte Ruhe. Der Fahrer und die Sudanesen stiegen aus, die beiden Streitenden immer noch heftig schimpfend. Schließlich gelang es einem älteren Sudanesen, den Streit beizulegen. Die Sudanesen erklärten uns hinterher, Khalid sei ausgerastet, als der Busfahrer ihn, Khalid, spöttisch als Propheten bezeichnete, indem er sagte: »Euer Prophet hier verlangt von euch, dass ihr jetzt betet.« Das hatte Khalid so empört, weil der Fahrer damit in seinen Augen den Propheten Mohammed beleidigt hatte.

Ich hatte den Busfahrer beobachtet, ich hatte, sozusagen in halbwachem Zustand, gespürt, was sich anbahnte. War ich mitverantwortlich? In welchem Ausmaß sind wir verantwortlich für das, was um uns herum geschieht?

Viele von uns hatten während dieser Reise etwas getan, was sie eigentlich nicht wollten. Wir hatten viel gebetet und viel *Aurad* gemacht, manchmal sogar mit einem gewissen Widerwillen. Unser Verstand sagte: »Jetzt ist es aber längst genug.« Unsere orientalischen Begleiter gaben uns indirekt zu verstehen, dass sie noch mehr von uns erwarteten. So hatten wir einen Konflikt in uns. War es da ein Wunder, dass wir in einen äußeren Konflikt hineingerieten, den zwischen sufischen Gastarbeitern und einem saudischen Gegner des Sufismus?

Wer betet und *Aurad* macht, weil andere es von ihm fordern oder erwarten, der ähnelt, scheint mir, dem Augendiener. Er handelt nicht von innen heraus, sondern nur, um nicht getadelt zu werden. Ich denke so: Die wahren Sufis – nicht wir Sufi-Schüler – sind Kinder des Augenblicks, sie leben im Hier und Jetzt. Sie sehen die Edelsteine. Sie tun in jedem Moment das Richtige, weil das Herz es ihnen eingibt.

Was ist Dhikr?

Der *Dhikr*, das Herzensgebet, soll den ganzen Menschen erfüllen, das ist das Ziel der Sufis. Ein älterer ägyptischer Bruder erzählte dazu folgende Geschichte:

Eines Tages war Maulana Scheich Mohammed Osman bei uns in Kairo. Nach dem Sonnenaufgang ging er mit uns Brüdern zu Fuß von der Moschee von Saidnal Hussein zur Moschee von Saida Zainab. Unterwegs sahen wir einen Limonadenverkäufer. Der rief immer wieder: »Bei mir für die Hälfte, bei mir für die Hälfte.« Dazu schnipste er mit dem Finger, um Kunden aufmerksam zu machen. Nach ein paar Stunden kam Maulana Scheich mit seinen Schülern zurück. Der Limonadenverkäufer war immer noch da. Er lehnte an der Mauer und war im Stehen eingeschlafen. Er rief immer noch: »Bei mir für die Hälfte, bei mir für die Hälfte« und schnipste dazu mit dem Finger.

Maulana Scheich weinte, als er das sah, und wir fragten ihn warum. Maulana Scheich sagte: »Ich weine, weil dieser Mann nie mehr ein Heiliger werden kann.«

Das heißt für mich: Der Mann hatte seinen Spruch in sein Herz genommen, dann in seine Seele, dann in seinen ganzen Körper, er hatte ihn sich eingeprägt, so sehr, dass die Worte nicht mehr gelöscht werden konnten. An der Stelle dieses Spruchs sollte der Name »Allah« stehen, dann könnte seine Reise zu Allah beginnen.

Ihr seid Meine Freunde

Die folgende Geschichte stammt ebenfalls von dem ägyptischen Bruder: Die Seelen waren bei Allah und wollten nichts als in Seiner Nähe sein. Da erschuf Allah das Diesseits, und neun Zehntel der Seelen verließen Allah aus Liebe zum Diesseits. Danach erschuf Allah das Paradies, und von dem restlichen Zehntel verließen neun Zehntel Allah aus Liebe zum Paradies. Dann erschuf Allah die Hölle, und von dem Rest verließen ihn wieder neun Zehntel aus Furcht vor der Hölle. Da sagte Allah zu denen, die Ihm treu geblieben waren: »Ihr seid Meine Freunde, und, fürwahr, Ich werde euch prüfen bei jedem Atemzug.«

Allah hat mir befohlen bei euch zu sein

Jesus, Saidna Isa, traf auf eine Gruppe von Menschen und fragte sie, was sie täten. - Sie antworteten: »Wir beten Allah an.« - Er fragte: »Warum?« - Sie antworteten: »Weil wir das Paradies wünschen und Angst vor der Hölle haben.« - Er antwortete: »Ihr sehnt euch nach etwas Geschaffenem und habt Angst vor etwas Geschaffenem.« Saidna Isa ging weiter und traf eine andere Gruppe von Menschen, die Allah anbeteten. Er fragte sie ebenfalls nach ihrem Tun. Sie antworteten: »Wir beten Allah an.« - Er fragte: »Warum?« - Sie antworteten: »Weil wir Ihn lieben.« - Er sagte: »Ihr seid wahrlich Allahs Heilige, und Allah hat mir befohlen bei euch zu sein.«

Drei Stufen

Es gibt drei Stufen in der Nachfolge des Propheten Mohammed: Seinen Worten zu folgen, ihm in seinen Taten zu folgen, ihm in seinem Charakter zu folgen. Die letzte Stufe ist die höchste.
Und vom Charakter des Propheten Mohammed leuchtet etwas auf in den Scheichs.

Geburtshelfer

Sokrates sagt, dass er seine Schüler nichts lehrt und dass sie von ihm nichts lernen:
»Die aber mit mir umgehen, zeigen sich zuerst zwar zum Teil als gar sehr ungelehrig; hernach aber, bei fort-

gesetztem Umgang, alle, denen der Gott es vergönnt, als wunderbar schnell fortschreitend, wie es ihnen selbst und andern scheint; und dieses ganz offenbar ohne jemals irgendetwas von mir gelernt zu haben, sondern nur aus sich selbst entdecken sie viel Schönes und halten es fest. Die Geburtshilfe indes leisten dabei der Gott und ich[19].«

An anderer Stelle sagt er:

»Denn da die ganze Natur unter sich verwandt ist und die Seele alles innegehabt hat: so hindert nichts, dass, wer nur an ein Einziges erinnert wird, was bei den Menschen ‚Lernen' heißt, alles Übrige selber auffinde, wenn er nur tapfer ist und nicht ermüdet im Suchen. Denn das Suchen und Lernen ist demnach ganz und gar Erinnerung[20].«

Die Sufi-Scheichs haben ähnliche Ansichten und ähnliche Methoden, finde ich.

Wir waren nicht getrennt

Eine Schwester berichtete über ihre Begegnungen mit Maulana Scheich Mohammed Osman:

Wenn das Flugzeug in Khartum landete, spürte ich seinen *Dhikr*.

Ich kam an sein Tor und erkannte es, ich sah es nicht zum ersten Mal – ich kam nach Hause. Obwohl ich ihn Lichtjahre von mir entfernt empfand, unerreichbar, war er mir gleichzeitig näher als mein Herzschlag, näher als

ich mir selbst, näher als irgendetwas jemals zuvor. Er war mit meinem tiefsten Innersten verbunden, alle Antworten, die er mir gab, kamen wie aus mir selbst, wir waren nicht getrennt.
Wenn ich in seinem Garten ankam, durchrieselte es meinen Körper, alle Zellen rückten sich zurecht, fanden ihren natürlichen Platz. Ich machte die Erfahrung, sein zu können, es war eine natürliche, einfache Erfahrung, so wie alles in der Begegnung mit ihm. Gleichzeitig war ich voller Ehrfurcht vor dem Licht, das ihn umgab.
Wenn ich abgereist war, blieb er mir doch nah. Ich schloss die Augen und sah sein Bild vor mir. Der Dialog mit ihm setzte sich fort. Ich konnte ihn fragen, ihn spüren, und die Antwort stieg in mir auf. Er stellte eigentlich die Verbindung zu meinem Innersten her, und doch war es nicht nur etwas aus mir selbst – seine Qualität war deutlich in den Antworten wahrzunehmen. Wir waren eins. Es ist nicht leicht, diese inneren Erfahrungen in Worte zu fassen. Ich habe sie bisher nur mit einigen Schwestern geteilt.
Ich habe Maulana Scheich Mohammed Osman insgesamt viermal besucht, zweimal in Khartum und zweimal in Kairo. Jedes Mal war es wie eine intensive Schulung. Als ich ihn das letzte Mal gesehen habe, hat er mich auf unseren Abschied vorbereitet. Es war in Kairo, er war krank. Zusammen mit einer deutschen Schwester durfte ich in einer ansonsten abgesperrten *Zauwiya* viel in seiner Nähe sein. Gesprochen wurde

nicht. Wir waren einfach da und hatten Anteil an einer Schönheit, für die es keine Worte mehr gibt, nur Tränen. Maulana Scheich lag die meiste Zeit, und ich habe nie Schöneres gesehen als dieses Licht, das er war.
Er hatte eine Natürlichkeit und Freiheit in seinen körperlichen Bewegungen, wie ich sie von Menschen nicht kannte.
Am Tag unserer Abreise durfte jede von uns beiden allein zu ihm. Die Schwester war zu Maulana Scheich gegangen, ich saß allein in einem kleinen Raum in der *Zauwiya*. Plötzlich nahm ich Maulana Scheich intensiv wahr, so als wäre er bei mir. Er sagte: »Was machst du hier, hast du nichts zu tun, hast du keine Arbeit, hast du keine Familie? Du musst jetzt alleine weitergehen.« Als ich dann zu Maulana Scheich geführt wurde und ihm sagte, dass ich jetzt nach Hause fahren würde, sah er mich intensiv an und sagte voller Sehnsucht: »Ich gehe auch bald nach Hause!« Diesen Blick werde ich nie vergessen. Nach seinem Tod erst habe ich verstanden, dass er in dem Moment nicht von Khartum gesprochen hatte.

Zeichen, überall Zeichen?

Und auf Erden sind Zeichen für die,
die fest im Glauben sind.
Und auch in euch selbst.
Wollt ihr denn nicht sehen?

(Koran 51:20-21)

Habe ich dir nicht meine Boten gesandt,
einen um den andern?

(Brüder Grimm, Die Boten des Todes)

Dies ist ein heikles Kapitel. Wir Menschen sind auf Zeichen angewiesen, wie der Wanderer in der Wüste. Und Zeichen können von uns fehlgedeutet werden. Fehler werden uns unterlaufen, so lange wir leben. Ungewissheit müssen wir aushalten. »Wenn es gelöst ist, dann ist das Rätsel ganz einfach«, lautet ein persisches Sprichwort.

Bodenlos

Gibt es Zeichen, die nur für Einzelne gelten und für andere nicht? Manchmal denke ich, in jedem alltäglichen Geschehen sind Zeichen für uns, wir sehen sie leider nur in wenigen Augenblicken.

Vier *Burhanis* saßen nach dem Essen zusammen und diskutierten über die Chancen der deutschen Wirtschaft kurz nach der Wiedervereinigung. Man kam auch auf Zinsen zu sprechen.

»Ganz am Anfang meiner Suche nach einem spirituellen Weg hörte ich in Rütte im Schwarzwald den Vortrag einer amerikanischen Professorin für Ökonomie. Sie vertrat vehement die These, dass Spiritualität und Zinswesen absolut unvereinbar seien. Ich bin im Grunde ihrer Meinung, obwohl ich nicht sehe, wie wir das Zinswesen abschaffen könnten.« - »Bibel und Koran verbieten das Zinsennehmen[21].« - »In der Bibel steht, von dem Bruder sollst du keine Zinsen nehmen, von dem Fremden magst du es tun.« - »Das stimmt.« - »Aber eine Weltwirtschaft ohne Zinsen, die kann doch gar nicht funktionieren.« - »Es gibt eine ganze Reihe von Ökonomen, die das Gegenteil behaupten. Sie behaupten sogar, dass Geldentwertung, Arbeitslosigkeit und Umweltzerstörung hauptsächlich durch das Zinswesen verursacht sind.« - »Es soll in Bangladesh ein jahrelang funktionierendes Modell einer Wirtschaft ohne Zinsen geben.« - »Bangladesch! Die Zinsen abzuschaffen, das kann doch nur zu einer mittelalterlichen Küm-

mer-Wirtschaft führen.«
Genau in dem Moment, als er das sagte, fiel aus seinem Wasserglas der Boden heraus. Der Bruder saß da, etwas zurückgelehnt, der untere Teil des Glases fiel auf seinen Oberschenkel und das Wasser ergoss sich über seine Hose. Das Gespräch war damit beendet, man suchte Scherben zusammen und tupfte das Wasser ab.
Die Antwort war für mich wie ein Donnerschlag. Ich hatte mich am Gespräch nicht beteiligt, hatte aber ein paar Mal etwas sagen wollen.
Viele Jahre später fragte ich einen von den Beteiligten, ob er die Sache mit dem bodenlosen Glas als Antwort auf die Frage nach den Zinsen verstanden habe. Aber er konnte sich an den ganzen Vorgang nicht mehr erinnern.

Willst du immer missionieren?

Bei der *Hauliya* in Khartum wohnte ich zusammen mit einem jungen Mann, der mir auffiel. Seine Miene drückte oft große Aggressivität aus, aber wenn er von seinem Vater sprach oder seiner Heimat, so erkannte ich darin Liebe und nicht Hass. Heiner hatte sich ein bisschen an mich angeschlossen und sah, so schien mir, in mir eine Vaterfigur. Manchmal war sein Reden etwas wirr; manchmal schien er sogar etwas verrückt zu sein. Er sagte, er habe ein großes Problem mit seiner Frau. Ich riet ihm, deshalb mit Maulana Scheich

Ibrahim zu sprechen, und wir verabredeten, zusammen hinzugehen. Am nächsten Tag sagte er mir, er wolle mit jemand anderem zu Maulana gehen, am dritten Tag sagte er: »Es ist sowieso alles von Allah, sie hat ihren Weg, ich habe meinen Weg, es ist alles gut.« Ich sah ihn an und sagte mit großem Nachdruck: »Das glaube ich dir nicht. Ich glaube, dass du unverrichteter Dinge wieder abreisen wirst, wenn du jetzt nicht mit Maulana Scheich sprichst.« In seiner Miene sah ich Ablehnung und Aggressivität.

Dann kam der Tag der *Hauliya*, des großen Festes. Als ich mit drei Deutschen und einem Sudanesen auf dem Platz ankam, herrschte großes Gedränge, aber wir, als ausländische Gäste, waren uns trotzdem sicher, noch irgendwo einen Sitzplatz zu bekommen. Wir gingen durch einen Gang zwischen den Sitzreihen, da kam uns Heiner von der anderen Seite entgegen. Der Sudanese hatte einen freien Sitzplatz ganz in der Nähe entdeckt, ich wollte, dass Heiner dort in der Reihe Platz nahm, denn ich hatte schon vorher eine Unruhe an ihm bemerkt. Ich dachte, es sei gut für ihn, wenn er dort sitzen und, wenn auch passiv, an der Veranstaltung teilnehmen würde. Ich bot ihm den Platz an, er bot mir den Platz an, und als ich noch einmal mit Gesten und Worten ihn zum Platznehmen aufforderte, schubste er mich plötzlich heftig in den Gang, so dass ich nach vorne stolperte. Ich wurde zornig und kehrte um und sagte zu ihm: »Das darfst du nicht noch einmal mit mir machen, nicht noch einmal.« Als Antwort nahm er mir die Mütze vom Kopf und sagte: »Warum willst du immer missionieren? He, bist du Christ? Bist du Christ?« Dem Sudanesen gelang es, ihn zu beruhigen und mir die Mütze wieder zu geben, aber ich war sehr erregt und ging weiter bis ganz zum Ende des Platzes, wo er mit einer bunten hohen Zeltbahn begrenzt war. Dort fand ich einen Stuhl und setzte mich, um mich zu beruhigen.

Ich wusste, dass alles, was bei der *Hauliya* passiert, von Bedeutung ist, und glaubte, einen Fehler gemacht zu haben. Ich hatte Heiner vor ein paar Tagen mit meiner Bemerkung unter Druck gesetzt; dabei hatte ich ihn auf seine tatsächliche Lage hingewiesen. Aber heute, als er schon in Aufregung war, war es sicherlich ein Fehler, ihn dirigieren zu wollen. Es kam alles darauf an, dass er sich jetzt freiwillig entschied, für das Bleiben oder dagegen. Wenn ich ihn einfach zwischen die Menschen setzte, war das für ihn in seinem aufgewühlten Zustand vielleicht unerträglich. Vielleicht fühlte er sich eingesperrt. Und wenn er letzten Endes alle Angebote, die er hier bekam, nicht wahrnahm? Dann war es seine Sache, und es war nicht meine Aufgabe, ihn hier einzufangen.

Die Freiwilligkeit, so dachte ich, ist doch gerade ein Hauptprinzip der *Tariqa*, und die Sufis sind diejenigen, die freiwillig mehr tun als die religiöse Pflicht. Wer eine starke Sehnsucht und ein Streben hat, der ist willkommen. Wer die *Tariqa* verlassen will, der kann gehen. So hatte ich es bisher immer erlebt.

Wenn mir einer helfen will

Anschließend wurde es mir noch krasser gezeigt. Ich fuhr mit dem Zug von Stuttgart nach Hause. Der Interregio zwischen Heidelberg und Frankfurt war voll besetzt, außerdem ziemlich überheizt. Zur Not hätte ich noch einen Klappsitz bekommen, aber da war ein Abteil mit zugezogenen Vorhängen, die im Winde flatterten. Wie ich vermutet hatte, war nur eine Person im Abteil, ein untersetzter kräftiger Mann mit kurzgeschorenen Haaren. Er stand am Fenster und beugte sich hinaus. Als ich kam und Platz nahm, zog er sofort einen Ausweis aus der Hosentasche und sagte: »Schwerbehindert.« Dann beugte er sich wieder hinaus. Nach einiger Zeit wendete er sich wieder zu mir und sagte: »Die neue!« Dabei zeigte er auf ein Gebäude und führte mir mit den Händen vor, wie man Fahrradpedale tritt. »Die alte,« sagte er und bewegte die Hände schaufelnd auseinander, »weggerissen.« Dann wendete er sich wieder nach draußen, grüßte ab und zu nach hierhin und dorthin. Dann sagte er zu mir: »Schon sechsmal hin und zurück. Ich brauche frische Luft. Das muss raus.« Und er räusperte sich und spuckte nach draußen.

Mir war jetzt klar, weshalb kein anderer im Abteil saß, die Leute waren ihm ausgewichen. Und ich, wollte ich hier bleiben? Ich sah, dass er sich nach draußen beugte, dabei mal nach vorn blickte, mal nach hinten. Ich dachte: Kann es passieren, dass der Zug so nah an einem Masten vorbei fährt, dass der Mann mit dem Kopf dagegen schlägt? Der Zug fuhr jetzt sehr schnell, offenbar um die Verspätung aufzuholen. Ich wollte nicht miterleben, wie in meinem Abteil ein schlimmer Unfall passierte. Deshalb sagte ich: »Das ist gefährlich, sich hinauszubeugen.« Sofort stellte sich der Mann mir in drohender Haltung gegenüber. Er sagte: »Wenn mir jemand helfen will, dann bumm.« Er boxte gegen das Polster von seinem Sitz. »Ich habe Augen, ich kann selber gucken.« Er zeigte mit dem Finger auf seine beiden Augen. »Ich muss für mich selber sorgen, ich bin alleinstehend. Hier, das muss ich selber waschen.« Er zupfte an seinem Hemdsärmel. »Aber wenn mir einer helfen will! Dreizehnmal hatte ich eine Anzeige wegen Körperverletzung, aber Schmerzensgeld habe ich nicht bezahlt. Der Krankenwagen tatütata ist schnell da. Sechs Minuten.« Während der letzten Worte hatte er hastig seine Sachen zusammengepackt und verließ das Abteil. Ich hatte deutlich das Gespür, der Mann wäre gewalttätig geworden, wenn ich noch ein Wort gesagt hätte oder ihm widersprochen hätte. Viel Zeit blieb mir nicht zum Nachdenken, weil dann andere Leute ins Abteil kamen.

Na und?

Ein Bruder erzählte mir:
Das Folgende ist mir passiert, kurz bevor ich zur *Tariqa* kam. Ich war mit meiner damaligen Frau in Urlaub gefahren und wollte in dieser Zeit klären, ob ich meine Ehe fortsetzen könnte.
Bei einem Spaziergang am Strand wollte ich von ihr die Zusage erreichen, dass sie gegen meine Therapien nicht mehr opponieren würde. Die Sache hatte sich zugespitzt, dies war eine der wenigen Gelegenheiten, bei der ich mit ihr unter vier Augen sprechen konnte. Also, - ich verlangte von ihr, sie solle verstehen, dass ich in meiner jetzigen Situation die Therapien für meine Gesundheit nötig hätte. Ich wolle ein freier handlungsfähiger Mensch bleiben und mich nicht wie ein uns beiden bekannter Kollege in einer psychiatrischen Klinik medikamentös behandeln lassen.
Sie beharrte auf ihrer Ablehnung. Niemals würde sie meinen Therapien zustimmen. Sie halte das alles für sehr schädlich, für meinen Charakter wie für unsere Ehe. Ich spürte deutlich: Sie würde ihre Meinung nicht mehr ändern. Diese Hoffnung musste ich aufgeben.
In dem Moment fing es an zu regnen, sie hatte einen Anorak an und ich nicht. Da griff sie unter einen Felsen und zog einen zusammengefalteten Anorak heraus. Ich zog ihn an und setzte die Kapuze auf. Aber ich merkte, dass ich diesen Anorak nicht haben wollte: Er roch schlecht. Ich zog ihn aus und legte ihn wie-

der unter den Felsen.
Und in diesem Augenblick wusste ich, dass ich aus dem Hause meiner Frau ausziehen würde und dass unsere Ehe damit wahrscheinlich gescheitert war; ich fand es mittlerweile unerträglich, im Haus meiner Frau zu leben, zusammen mit ihrem Vater und ihrer Schwester, wo ich nicht mehr mein eigener Herr war.
Ich sah auf die Bucht vor uns und erschrak: In der uns bekannten Bucht, in der sonst nur kleine Segelschiffchen und Motorbötchen gab, lag ein riesiges schwarzes Schiff; gleichzeitig spürte ich meinen Herzschlag laut und schmerzhaft.
Ich sagte zu ihr: »Sieh mal, das Schiff!« Sie sagte nur: »Na und?« Es berührte sie anscheinend überhaupt nicht, dass da ein so riesiges Schiff war, das da nicht hingehörte. Ich hatte in einer Minute zwei entscheidende Erlebnisse gehabt, das mit dem Anorak, den ich nicht riechen mochte, und das mit dem Schiff, das offenbar zu mir gekommen war, und sie sagte nur: »Na und?« Ich hätte mit ihr darüber reden sollen? Damals glaubte ich: Wenn ich es täte, würde ich nur eines ernten: nur Spott.

Das Herz hat seine Gründe

Ein Bruder erzählte[22] mir, wie er zu Maulana Scheich Mohammed Osman kam, und ich habe seine Erzählung möglichst wortgetreu aufgeschrieben:

Im November 1980 hatte ich einen Traum: Ich war mit einer Schwester, die mir damals sehr nahe war, in einer Stadt unterwegs, im Morgengrauen. Wir kamen an eine Stelle, wo ein Unfall passiert war. Wir sahen einen alten dreirädrigen Lieferwagen, den man aus den Nachkriegsjahren kannte, einen »Tempo«. Wir kamen hinzu, öffneten die Tür und sahen, dass der Fahrer verletzt war. Wir zogen ihn aus dem Wagen und leisteten erste Hilfe. Plötzlich war ganz viel Energie da, ein Vibrieren war zwischen uns. Es war offensichtlich: Der Mann stirbt und der Mann ist gerettet. – Der Traum war äußerst intensiv. Er hatte besonders kräftige Farben und hatte eine plastische Tiefe.

Ungefähr einen Monat später nahm ich an der großen Reise nach Ägypten teil, mit den ersten Schwestern und Brüdern, die 1980 durch Salah Eid gesammelt worden waren. Unter anderem wollten wir in Ägypten *Maqams*, also Heiligengräber, besuchen. Ich war ungefähr ein dreiviertel Jahr auf dem Sufi-Weg mit Salah Eid und hatte für mich innerlich beschlossen: Ich wende mich jetzt ganz Allah zu und die Welt hat keine Bedeutung mehr für mich, ich gebe mich voll dem Sufi-Weg hin. Ich bin jetzt der Schüler von Scheich Salah und nichts anderes gilt mehr.

In Kairo wurden wir sehr herzlich begrüßt von den Brüdern und von dem damaligen Verantwortlichen der *Tariqa*, Gamal Sanhuri. Dieser eröffnete uns, es gebe eine Einladung zu einem Scheich Mohammed Osman Abduh al Burhani nach Khartum. Ich verspürte ein gewisses Interesse für die Einladung nach Khartum, aber geplant war, dass wir zusammen einen *Chulwat* machen sollten, einen Rückzug aus der Welt. Ich entschied mich für den *Chulwat*, der ursprünglich in der Wüste stattfinden sollte, aber dann stellte sich heraus, dass wir in einen Badeort an der ägyptischen Mittelmeerküste fuhren.

Wir kamen in ein Katastrophengebiet. Es waren wohl gerade die Winterstürme über dieses Badegebiet hinweggegangen. Es gab riesige Pfützen. Das kleinere Begleitfahrzeug, das vorausfuhr, schien manchmal bis zum Dach in den Pfützen zu verschwinden. Wir haben ein paar Mal aufgeschrieen, als wir sahen, wie tief das Fahrzeug sank. Dann kamen wir bei Nacht in einem ägyptischen Haus an. Der Strom war ausgefallen, das Haus war dunkel, winklig, manchmal huschten Ratten vorbei, viel zu wenig Betten, viel zu wenig Platz für die dreißig oder vierzig Leute, die wir waren. Unter katastrophalen Bedingungen haben wir dann versucht, drei oder vier Tage zusammen ein bisschen *Dhikr* zu machen und zu meditieren, aber es war total chaotisch. Mücken plagten uns; manche von uns mussten sich übergeben; die Stimmung war nicht gut.

Es gab Spannungen innerhalb der Gruppe. Ich bemühte mich das alles nicht so wichtig zu nehmen. Es ist halt schwer, dachte ich. Damals habe ich mich schwarz gekleidet als Zeichen, dass ich mich von der Welt ganz abwenden wollte. Trotzdem: Die Strapazen gingen natürlich nicht spurlos an einem vorüber, man medi-

tierte, aber es war nicht so dieses Licht wie am Anfang, man war übermüdet.
Am letzten Tag beschlossen einige, noch mal in das nächste Städtchen zu fahren, um etwas einzukaufen. Ich hatte auch Lust dazu. Wir hatten einen großen Reisebus aus Deutschland mitgenommen. Ich hatte mir schon in Deutschland einen internationalen Führerschein besorgt, der mir erlaubte diesen Bus zu steuern. Ich hatte vorher geübt, mit dem Bus zu fahren, und alles ging ganz gut, bis auf diese letzte Fahrt.
Es fing schon an auf dem Hinweg zu diesem Städtchen. Ich musste über eine sehr enge Brücke fahren, da brach der Außenspiegel ab, und das war schon der zweite. Auf einer Nachtfahrt war dem anderen Fahrer schon der rechte Spiegel abgebrochen. Während die anderen Shopping gingen, bin ich in eine Werkstatt gefahren, um die Spiegel wieder anschweißen zu lassen. Beim Rangieren, - niemand war da, der mich einwies, - gab es auf einmal großes Gebrüll hinter mir: Ich hatte einen Eselskarren touchiert. Na gut, als dann alles erledigt war und wir zu dem verabredeten Zeitpunkt wieder zusammen kamen, musste ich im Dunkeln die Rückfahrt antreten. In der nächsten kleinen Ortschaft gab es plötzlich einen Knall. Erschrocken lenkte ich den Bus zur Seite und hielt an. Ich stieg aus, schon mit ziemlich weichen Knien, und ging auf eine Menschenmenge zu, die sich vor mir teilte. Ich sah einen Eselskarren und einen alten Mann, der auf die Straße gestürzt war. Offensichtlich hatte ich diesen Eselskar-

ren angefahren. Ich hatte in der Dunkelheit das unbeleuchtete Fahrzeug nicht bemerkt.
Ich kann bis heute nicht sagen, ob der Mann versucht hat die Straße zu überqueren oder ob er rechts fuhr und der Esel nach links ausscherte. Ich weiß nicht, wie es zu dem Unfall gekommen ist. Jedenfalls sah ich den Mann mit einer großen Wunde quer über die Stirn. Ich war total erschrocken und gelähmt und wusste gar nicht, was zu tun war. Plötzlich nahm mich jemand an der Hand und führte mich ins nächste Teehaus und gab mir Wasser, und da saß ich dann.
Und was für mich bis heute ganz schwer zu verstehen ist: Da war dieser Unfall, und gleichzeitig war es, als wenn ich ganz woanders wäre. Innerlich fühlte ich mich, als hätte ich einen *Maqam* besucht; es war ein unwahrscheinlicher Frieden in mir und um mich herum. Das Geschehen bedeutete mir weniger als ein Film. Ich sah es, und das Geschehen hatte in dem Moment noch überhaupt keine Aussage für mich. So wie man eine Fotografie anguckt von irgendwas, womit man nichts zu tun hat.
Bald darauf wurde es dann anders. Die Polizei erschien, ich wurde im Polizeiwagen ins nächste Polizeirevier gefahren. Man behandelte mich sehr freundlich. Ungefähr zwei Stunden saß ich bei dem Polizei-Direktor. Um halb neun abends kam ein Mann herein. Es war der Sohn des alten Mannes, den ich angefahren hatte. Ich sprang auf und fragte: »How is your father?« - »He is dead.« Ich hatte das Gefühl, der Boden tut sich

unter mir auf. Ich konnte nichts mehr begreifen. Wie konnte so etwas geschehen? Ich hatte doch nur den »Weg« gehen wollen. Ich hatte mir einen eigenen inneren Gehorsam auferlegt, dass ich einfach Schüler sein und Gott dienen und Gott suchen will. Da passiert mir so etwas! Wie konnte das sein? Ich konnte es nicht fassen. Ich wollte doch nur Gutes. Und jetzt war ein Mensch gestorben!

Ich wurde weiterhin sehr freundlich behandelt auf dieser Polizeistation. Nach ein oder zwei Tagen wurde ich in das nächste Distrikt-Gericht gebracht und von einem Anwalt empfangen. Als er hörte, dass ich die *Fatiha* aufsagen konnte, fiel er mir um den Hals. Das konnte ich wieder nicht verstehen. Ich wurde einem Richter vorgeführt, der sehr höflich zu mir war. Es gab eine ganz kurze Verhandlung. Ich musste noch einmal zu dem Unfall Stellung nehmen. Nach einer halben Stunde diktierte er einem Sekretär etwas, alle standen auf.

Meine Erwartung die ganze Zeit über war gewesen, ich lande mindestens für ein halbes Jahr in einem ägyptischen Gefängnis. Es war mir klar, dass das ziemlich schlimm sein musste. Auf der Polizei-Wache hatte man mir schon gesagt, man würde mich nicht ins Gefängnis stecken. Was mir da für Menschen begegnen würden und wie die mich behandeln würden, das würde ich nicht aushalten. Mit diesem Gefühl stand ich da, dann war die Verhandlung zu Ende, ich wurde hinausgeführt. Ich dachte, ja, jetzt geht's ins Gefängnis,

und dann waren draußen ägyptische Brüder, die sich schon die ganze Zeit um mich gekümmert hatten, die auch die Tage vorher schon in dem Badeort gewesen waren und Salah Eid gebeten hatten, umzukehren und nach Kairo zu gehen. Genau diese Brüder standen da und umarmten mich und sagten, es sei alles vorbei und ich sei frei. Es war wie ein Fest, sie feierten mich.
Das war für mich fast noch schwerer zu begreifen. Vor zwei Tagen war durch mein Verschulden jemand zu Tode gekommen! Und jetzt war ich schon wieder in Freiheit. Ich wurde dann zu dem Beauftragten der *Tariqa* nach Mansura gebracht, zu Herrn Subhay Haddad, von dem ich bis heute jedes Jahr noch Grüße bekomme. Dort wurde ich wie ein Sohn aufgenommen und blieb eine Nacht.
Am Tag darauf war ich in Kairo in der *Zauwiya*. Es wurde der Geburtstag des Propheten Mohammed gefeiert und es gab die große Donnerstags-*Hadra*, aber ich war zu erschöpft. Ich legte mich in ein Zimmer der *Zauwiya*. Bei mir war ein ganz liebenswerter älterer Bruder aus Khartum mit Namen Hassan.
Ich fiel in einen tiefen Schlaf und kam in einen sonderbaren Zustand: Es war kein Traum, sondern ein unwahrscheinlich starkes Körpergefühl: Ich liege da und langsam kommen von links und rechts zwei Eisenplatten auf mich zu und quetschen mich zusammen. Es ging weiter und weiter und weiter, und ich konnte an mir sehen, dass ich so gequetscht wurde, dass mir die Blutströpfchen aus der Haut traten. Als ich am

nächsten Morgen aufwachte, war meine Ghalabia schweißnass und es waren Blutstropfen darin. Ich war wie gerädert. Ich hab mich dann geduscht. Nachmittags wurde ich zum Essen eingeladen und abends fühlte ich mich schon vollkommen befreit und wie neu geboren. Wieder etwas, das ich ganz schwer begreifen konnte.

Am nächsten Morgen in aller Herrgottsfrühe wurde ich zum Flughafen gebracht. Man hatte mein Ticket umbuchen können und schickte mich jetzt nach Hause.

Noch etwas schlaftrunken wankte ich ins Flugzeug, setzte mich auf meinen mir angewiesenen Platz, und als ich nach links guckte, saß neben mir eine Schwester. Sie hatte zu den ersten gehört, die sich von unserer Gruppe abgesetzt hatten. Zu dritt oder viert waren sie nach Khartum gereist und hatten ihre erste Begegnung mit Maulana Scheich Mohammed Osman. Die Schwester war genauso verwundert über dieses Zusammentreffen wie ich. Sie hatte vor ihrer Abreise von meiner Geschichte gehört.

Sie war nach Khartum gereist und erzählte jetzt in den wunderschönsten Bildern von ihrer ersten Begegnung mit Maulana Scheich Mohammed Osman. Ich hörte fasziniert und hingegeben zu und wunderte mich. Je länger sie erzählte, desto wohler fühlte ich mich; je länger sie erzählte, desto mehr spürte ich mein Herz, und je länger sie erzählte, desto mehr fing in meinem Herzen etwas an sich zu bewegen, was ich überhaupt nicht kannte. Es war wie ein inneres Pulsieren, es war

kein Herzschlag, es war etwas Inneres. Ich konnte es nicht ignorieren, weil es einfach so intensiv war. Und es bekam noch dadurch eine besondere Bedeutung, dass die Schwester irgendwann stoppte: »Ich glaube , ich muss mal aufhören zu erzählen, irgendwas geht weg von mir.« Ich antwortete: »Das glaube ich auch. Ich merke nämlich etwas.«
Das war meine erste Begegnung mit Maulana Scheich Mohammed Osman, noch bevor ich ihn tatsächlich getroffen habe.
Ich kann mich noch sehr gut erinnern, dass wir danach in Berlin, noch auf unserer Rückreise, eine *Hadra* erlebten mit ganz wenigen Brüdern, die war sehr intensiv. Da trat noch einmal dieses Phänomen in meinem Herzen auf. Beim *Dhikr* hatte ich das Gefühl, in meinem Herzen ist ein Sonnenrad, so wie es sie zu Silvester gibt. Das ist angezündet und dreht sich und ist gar nicht zu stoppen. Alles hat mit Licht zu tun und wird von Licht angetrieben. Ich muss eigentlich nur mitmachen, ich brauche mich nicht anzustrengen und nichts hinzuzufügen. Da kommt ein Stoff von außen, der unendlich ist, der treibt das Lichtrad an.
Zum Schluss noch meine erste reale Begegnung mit Maulana Scheich Mohammed Osman. Es war genau ein Jahr später. Damals fuhr die erste größere Gruppe nach Khartum. Ich habe die Reise mitorganisiert. Ich wusste schon von Schwestern, wie man Maulana Scheich begrüßt, ich hatte auch schon Fotos von ihm gesehen. Hatte gesehen, wie man ihm die Hand küsst.

Als wir in sein Haus kamen, stand da ein freundlicher älterer Herr und empfing uns. Wie ein Großvater wirkte er auf mich in dieser sudanesischen Unterghalabia, und da dachte ich mir, na ja, erst werde ich ihn mal ganz locker westlich begrüßen und dann kann man ja mal sehen, ob ich das auch richtig finde, dass ich ihm die Hand küsse. Ich hab ihm also locker meine Hand hingehalten und wollte seine Hand schütteln, wie man das im Westen so macht. Mich durchfuhr ein ziemlich schmerzliches Gefühl in meinem Oberarm. Es war, als wenn ich versucht hätte ein Eisengeländer zu schütteln, das vollkommen fest ist und unbeweglich. Von da an wusste ich: Das ist ein besonderer Mensch.

Jedes Mal, wenn ich ihm in den folgenden Tagen begegnete, habe ich mit Hingabe seine Hand geküsst. Die Erfahrung war jedes Mal anders. Die Hand war unwahrscheinlich kühl und milde. Ein blaues Leuchten schien von ihr auszugehen. Auf dem Weg dahin, ihn zu begrüßen, die paar Meter, wenn man in der Reihe stand, bis man dann vor ihm war und seine Hand küssen konnte, spielte sich Unbeschreibliches in meinem Inneren ab. Es war jedes Mal wie eine Pilgerreise, eine Pilgerreise zu meinem innersten Selbst.

Am Ende der Reise nach Khartum fühlte ich mich vollkommen gereinigt, vollkommen neugeboren, vollkommen innen und außen gewaschen. Einerseits wie ein neuer Mensch und andererseits so, wie ich mich eigentlich schon immer kannte, so eins mit mir. Alles, was ich im Leben bisher erfahren hatte, war plötzlich auf einen Punkt konzentriert. Alles Gute, was ich bisher erfahren hatte, war jetzt auf einmal in mir. Das hatte natürlich mit der Gegenwart von Maulana Scheich Mohammed Osman zu tun, seiner spirituellen Ausstrahlung, die mir eben diesen unwahrscheinlichen Frieden gab. Ich hatte das Gefühl: So wie ich bin, bin ich vollkommen richtig. Es gibt nichts, was ich ändern möchte. Alles ist in Ordnung. Alles, was bisher in meinem Leben passiert ist, ist in Ordnung und hat einen Sinn.

Alles war plötzlich sinnvoll, durch seine Gegenwart, durch diesen Besuch. Alles war wie eine Vorbereitung gewesen, um das spüren und empfinden zu können: alle Einsamkeit, alle Leere, alles Finden und Wiederverlieren, alles Leid und alle Freude, alles war notwendig gewesen.

Ich war in ein tiefes Glücksgefühl gehüllt.

Oh meine Verunsicherung, sei ewig bei mir!

Ein Sufi-Scheich und sein Schüler waren unterwegs. Der Schüler hatte gefragt, was Sufismus sei. Die Antwort seines Scheichs hatte ihm nicht gefallen. Sie kamen in einen Ort mit dem Namen Hart al Yahud, »die Verunsicherung«. Der Scheich sagte: »Die Juden sind verunsichert, die Christen sind verunsichert, die Muslime sind verunsichert. Die Propheten sind verun-

sichert, die Heiligen sind verunsichert, sogar der Gesandte Allahs ist verunsichert. Dreimal Verunsicherung! Oh meine Verunsicherung, sei ewig bei mir!«
Scheich Hussein sagte dazu, diese Verunsicherung, Verwirrung sei notwendig, bei allen Menschen, auch bei den Heiligen, sonst wären Mensch und Gott gleich. Auch wenn der Strebende die »Reise zu Allah« beendet und die »Reise in Allah« begonnen habe, müsse es solche Phasen geben. Ich stelle mir das vor wie eine Reise im Hochgebirge: Man muss den einen sicheren Stand verlassen, um den nächsten zu erreichen.

Der Schafscherer

Über Zeichen mag man rätseln, Beispiele von menschlichem Handeln verstehen wir manchmal ganz leicht, meine ich.
Es war in Dänemark, in Jütland. Auf einem alten Gutshof wurde ein »Schafe-Tag« abgehalten. Es wurden die Schafs-Rassen vorgeführt, es wurden Sachen aus Wolle gezeigt, es gab Käse usw. Und es gab einen Schafscherer, dem wurden die Widder zugeführt, anscheinend die schwierigsten Fälle. Die Widder wurden von Jugendlichen an einer Leine herangeführt. Es gab kleine und große, zum Teil ziemlich große Tiere darunter.
Auf der Wiese hatte der Mann einen Platz mit Pappkarton ausgelegt. Jetzt stand ein großes Tier vor ihm.

Der Mann bückte sich, packte es bei beiden Vorderbeinen, riss es mit einem Ruck in die Höhe und setzte es auf die Hinterbeine und den Schwanz. Das geschah so plötzlich, dass das Tier zunächst keinen Widerstand leistete. Dann stellte der Mann einen Fuß auf ein Hinterbein des Schafes und einen Fuß auf den Schwanz. Er hatte Filzschuhe mit Filzsohlen an, dem Tier wurde also wohl kein Schmerz zugefügt. Danach fasste er beide Vorderbeine des Tieres mit seiner linken Hand und griff mit seiner rechten nach der Schermaschine. In dem Moment fing das Tier an sich zu wehren. Es schwang mit dem Rücken hin und her, schwenkte den Kopf und zappelte mit dem einen freien Hinterbein. Der Mann ließ es gewähren. Es dauerte eine halbe Minute oder höchstens eine Minute, dann war das Tier wieder ruhig. Der Schafscherer schälte die Wolle in breiten Streifen von oben nach unten ab. Wenn das Tier noch einmal anfing zu zappeln, hielt der Mann inne. Er nahm ihm den Widerstand nicht übel und kämpfte nicht mit ihm, sondern wartete nur etwas.

Am Ende war das Schaf geschoren und sah ziemlich verändert aus. Es war nicht gequält und nicht gedemütigt worden, sondern hatte etwas über sich ergehen lassen, was unvermeidlich war.

Ich finde, jeder Mensch, der seine Arbeit so gut macht wie dieser Schafscherer, verdient dafür Bewunderung.

Der Wasserträger

Schon als ich das erste Mal das Grabmal von Saidnal Hussein besuchte, traf ich drinnen den Wasserträger. Er trug einen Lederschlauch über der Schulter und hatte mehrere metallene Becher in der Hand. Den Vorübergehenden bot er Wasser an. Es war ein ununterbrochener Strom von Menschen, und er achtete darauf, dass er niemanden übersah, der vielleicht Wasser von ihm wollte. Er drängte sein Wasser niemandem auf. Ich blieb vor ihm stehen, er füllte mir etwas Wasser in einen Becher, ich trank ein außergewöhnlich kühles und reines Wasser. Ein solches Wasser hatte ich noch nicht getrunken. Wonach schmeckte es? War es parfümiert? Offenbar nicht. Schmeckte man das Metall? Anscheinend auch nicht. Was war das Besondere daran? Das Besondere war vielleicht der Mann. Ich dachte: Ein reiner Diener, und so rein ist sein Wasser.

Viele Jahre später war ich mit einem Bruder bei Saidnal Hussein. Wir hatten über die Armut in Kairo, über die Bettler und über das Almosengeben gesprochen. Wir beide wussten, dass es gut ist, von unserem Überfluss den Armen etwas abzugeben, und wir beide hatten Schwierigkeiten mit dem Geben. Wenn man einmal anfing, konnte man kaum mehr aufhören. Die Art, wie manche Bettler forderten, zerstörte das romantische Bild von armen Menschen, die mit ihrer Armut zufrieden sind.

Es war der Abreisetag; ich hatte mir eine Menge klei-

ner Geldscheine besorgt, um sie in der Moschee zu verteilen. Viel schneller als gedacht waren sie zu Ende. Von irgendwoher strömten noch mehr Leute herbei und standen plötzlich vor mir. Zum Glück kam mir einer von den Bettlern zu Hilfe und sagte energisch: »Schluss, er hat nichts mehr.« Ihm glaubten sie, mir hätten sie vielleicht nicht geglaubt.
Der Bruder und ich, wir gingen nach draußen. Da kam uns auf dem Vorplatz der Wasserträger entgegen. Von irgend jemandem hatte ich gehört, dass man ihn drinnen nicht mehr dulden wollte, aus hygienischen Gründen. Ich blieb vor ihm stehen und nahm einen Becher Wasser. Sehr gerne hätte ich ihm etwas Geld gegeben, aber ich hatte nichts mehr. Er sah mich an und sagte zweimal: »An niya, an niya – die Absicht, die Absicht..« Ich verstand ihn so, dass er meine Absicht anstatt des Geldes annahm.

Die Absicht

Maulana Scheich Mohammed Osman sagte: Man kann Allah auf verschiedene Weise dienen: durch Gebet, durch *Dhikr*, durch Arbeit. Die Absicht entscheidet. Sogar Schlaf kann Gottesdienst sein, wenn man sich schlafen legt mit der Absicht, hinterher wieder konzentriert arbeiten, beten, *Dhikr* machen zu können.
Die Absicht ist das Wichtigste überhaupt. Der Mensch bekommt das, was er beabsichtigt. Wenn jemand die

Absicht hat, zu Allah zu kommen, dann wird sein Wunsch erfüllt.
Ein Ausspruch des Propheten Mohammed, Gottes Segen und Frieden sei mit ihm, lautet: »Allah der Erhabene sagte: ‚Ich entspreche der (guten) Meinung, die Mein Diener von Mir hat[23].« Darum ist es das Schlimmste, wenn ein Mensch an der Liebe und Barmherzigkeit Gottes verzweifelt. Wer um Verzeihung bittet und an die Verzeihung Gottes glaubt, dem wird verziehen.

Behinderung ist ein Schutz von Allah

Es war im Sommer 2001 in der Halle von Haus Schnede. Ein junger Mann, den ich nicht kannte, begrüßte mich sofort mit meinem Namen: »Guten Tag, Abdul Fatah.« - Ich fragte: »Woher kennst du meinen Namen?« – »Ismail hat mir ein Foto aus Khartum gezeigt, auf dem du zu sehen bist. Daher kenne ich dich.« Nun, eine solche Begegnung, bei der ich sofort mit meinem Namen angeredet werde, finde ich meistens angenehm.
Ich lernte den jungen Mann näher kennen. Er hieß Nabeel. Ich staunte, als er mir mitteilte, er sei von Geburt Muslim. Er war geboren in Südafrika, sein Vater war Deutscher, seine Mutter hatte pakistanische Vorfahren. Er war nach Deutschland gekommen, um hier eine Ausbildung zu machen.
Auffällig an ihm war sein langsames, mühsames Spre-

chen. Er trug ein Hörgerät und sagte von sich: »Ich bin hörbehindert.« Ich sah ihn an und antwortete langsam und betont: »Ich denke, du bist nur langsam im Sprechen und in deinen Bewegungen, das ist alles.« Er strahlte mich an: »Ja, das glaube ich auch, das ist es.«
Erst später fiel mir auf, dass er immer seinem Gesprächspartner intensiv auf den Mund schaute. Er gestand mir, dass er meistens die Worte von den Lippen ablese, nicht über das Hören verstehe.
Er schilderte mir mehrere schöne Plätze in seiner Heimat Südafrika. Es gebe dort viele Muslime und viele *Maqams*, und er lud mich ein, ihn bei seiner nächsten Reise nach Südafrika zu begleiten, er wolle mir die Plätze zeigen. Das sagte er alles bei unserem ersten Gespräch.
Ich traf ihn wieder auf unserer Reise zur *Hauliya* von Khartum im Frühjahr 2002. In Kairo machten wir Zwischenstation. In unserem Quartier erzählte er mir: »Im *Maqam* von Saidnal Hussein habe ich einen Blinden gesehen, der *Dhikr* machte. Da habe ich etwas erkannt: Der Blinde in seiner Dunkelheit war wie einer, der vor einer geschlossenen Tür wartet, dass die Tür sich öffnet. Er hatte ein sehr tiefes Gespür von Allah. Das Sehen kann den Menschen ablenken von Allah. Behinderung ist ein Schutz von Allah, und Allah wählt Seine Menschen, denen Er diesen Schutz gibt.«

Wo möchtest du begraben sein?

In Schnede sprach man darüber, wo man sich als Muslim begraben lassen könne. Ich sagte, ich wüsste schon einen Platz, nämlich auf dem Waldfriedhof am Stadtrand von Münster, mit Ausblick zur Ems. Ein Bruder mokierte sich darüber, dass ich so lokalpatriotisch sei. Da kam mir noch ein zweiter Platz in den Sinn, der Platz neben meinem Bruder Chairudin auf dem Friedhof im Teutoburger Wald.

Ich habe den Bruder Chairudin zweimal getroffen, und zwar jedes Mal in dem Laden der Gebrüder Mohammed und Abdullah in Berlin, in dem Parfüms und Edelsteine verkauft werden. Er verwickelte mich jedes Mal sofort in intensive Gespräche über zwei esoterische Wissensgebiete: über die Heilwirkung von Edelsteinen und über die Bedeutung von geomantischen Linien auf der Erdoberfläche. Chairudin stammte wie ich aus Westfalen. Er war offensichtlich ein Außenseiter der Gesellschaft. Vom ersten Moment unserer Begegnung an sah ich in ihm den Landsmann und Bruder, das Trennende stellte ich hintenan.

Ich weiß nicht viel über Chairudin, meine Informationen stammen aus zweiter Hand. Seine Mutter stammte aus Westfalen, vom Lande. Als er acht Jahre alt war, befand er sich in einem Lager für Heimatvertriebene, als Heimatvertriebener in seiner eigenen Heimat. Ich verstehe das so: Wahrscheinlich hatten seine Eltern im Krieg irgendwo im Osten gesiedelt. Mutter und Sohn waren als Vertriebene zurückgekehrt. In diesem Lager wurde ihm von dem Kommandanten, einem ehemaligen Nazi, Furchtbares angetan. Er fand damals keine Hilfe in seiner Not, und er bekam auch später keine Unterstützung von seinen westfälischen Verwandten. Im Gegenteil, sie betrachteten ihn als einen Träumer und nannten ihn einen Tunichtgut.

Ihm blieb keine andere Wahl als seine Heimat zu verlassen, so meinte er. Er wurde Matrose und fuhr viele Jahre lang zur See – und das, obwohl er körperlich nicht sehr kräftig war. Er wollte beweisen, dass er als Mann etwas wert war, und das versuchte er im härtesten Milieu, im Milieu der Reeperbahn in Hamburg. Dabei wurde er in einen Bankraub verwickelt. Das brachte ihm sechs Jahre Haft im Zuchthaus Fuhlsbüttel ein.

Auf seinen Seereisen hatte er den *Islam* kennen gelernt. Im Zuchthaus begann er zu lesen, er studierte den *Islam* und den Sufismus, er setzte durch, dass ihm alle Bücher, die er wünschte, zur Verfügung gestellt wurden. In seiner Zelle vollzog er den *Dhikr*, das Gottesgedenken der Mewlewis, die sich im Sufitanz drehen, um sich zu befreien von störenden Gedanken und sich für das Gedenken an Allah zu öffnen. Schließlich, so wurde mir erzählt, erschien ihm Maulana Scheich Mohammed Osman in seiner Zelle. Er wurde *Burhani* und Muslim. Am Tage nach seiner Entlassung, so sagt man, sei er nach Schnede gefahren, um dort *Burhanis* zu treffen und seine Zugehörigkeit zu

dem Orden zu bekräftigen.
Wann er frei gelassen wurde, wann er geheiratet hat – er hatte eine Frau und zwei Töchter, – das weiß ich nicht. Nach seiner leidenschaftlichen Beschäftigung mit dem *Islam* befiel ihn eine zweite Leidenschaft: Er las und studierte alles, was mit dem Thema Geomantie zu tun hatte. Er lebte zu dieser Zeit wieder in seiner Heimat Westfalen.
Was Geomantie eigentlich ist? Ich versuche es mir so zu erklären: In der chinesischen Medizin geht man davon aus, dass es im menschlichen Körper Meridiane gibt, Energiebahnen und Energiepunkte. Vergleichbar damit glauben oder wissen die Anhänger der Geomantie, dass es auf der Erdoberfläche geomantische Linien gibt und Kreuzungspunkte dieser Linien, also besonders energiereiche Punkte.
Chairudin muss unglaublich begeistert gewesen sein, als er erfuhr, dass der zentrale Kreuzungspunkt der geomantischen Linien für Europa in seiner Heimat liegt, am Süd-Ende des Teutoburger Waldes, bei den Externsteinen. Er begann selbst nach geomantischen Punkten in seiner engeren Heimat zu suchen, ich weiß nicht, mit welchen Methoden er es tat.

Begrabt mich im Teutoburger Wald

Eines Tages wurde ich von Mohammed aus Berlin angerufen, ob ich an der Totenwaschung und am Begräbnis von Chairudin teilnehmen wolle. Sofort sagte ich zu. Ich erfuhr, Chairudin sei in Emsdetten im Krankenhaus gestorben, in seiner Heimat. Die Totenwaschung solle noch am gleichen Tag, einem Sonntag, im Krankenhaus stattfinden, die Beerdigung am Tag darauf.

Dann begann für mich erst einmal das Warten, denn die Berliner Brüder hatten offenbar eine Menge Schwierigkeiten zu überwinden. Abdullah war gesundheitlich nicht auf der Höhe. Mohammeds Auto war nicht fahrbereit, er lieh sich ein Auto von einem Bekannten. In Hannover holten sie Scheich Mohammed ab und stellten fest, dass die Vorderreifen total abgefahren waren, überhaupt nicht verkehrssicher. Woher am Sonntag Reifen bekommen? Schließlich gelang es bei einer Tankstelle. Ich wurde in Abständen über die Fortschritte der Reise bzw. die Hindernisse informiert, per Telefon. Um sieben Uhr abends hieß es: »Um acht Uhr werden wir voraussichtlich in Emsdetten sein.« Aber sie kamen nicht um acht Uhr, sondern um neun Uhr abends. Wir trafen uns im Eingang des Krankenhauses: Scheich Mohammed, die beiden Brüder Mohammed und Abdullah, die Witwe des Verstorbenen, der Bestatter und ich, aus Münster angereist. Wir wurden in den Keller geführt. Man kann sich vorstellen, dass ich mit gemischten Gefühlen die Treppe hinuntertrottete, denn ich nahm zum ersten Mal an einer Totenwaschung teil.

Der Tote wurde hereingefahren und auf einen Waschtisch gelegt. Dies war offensichtlich der Raum, in dem alle Verstorbenen gewaschen wurden, nicht nur die muslimischen. Scheich Mohammed, die Brüder Mohammed und Abdullah und ich sollten die Waschung vornehmen, die Witwe und der Bestatter blieben als Zuschauer im Raum.

Wir zogen Gummihandschuhe an, bekamen Waschlappen und wuschen zunächst den Körper des Toten mit warmem Wasser und Seife. Der Schambereich blieb mit einem Bettlaken zugedeckt. Das Tuch wurde etwas angehoben, so dass einer mit dem Handschuh darunter waschen konnte. Nach dieser Waschung mit Seife begann die eigentliche Totenwaschung, die der großen rituellen Waschung der Muslime entspricht. Das heißt, die Brüder, oder Schwestern, je nachdem, vollziehen für den Toten eine Reinigung, die er selbst nicht mehr vollziehen kann. Zunächst wird noch einmal der Genitalbereich gewaschen, dann der Mund, die Nase, das Gesicht, der rechte Unterarm, der linke, die Kopfhaut, die Ohren, die Füße. Dann wird von oben nach unten der ganze Körper gewaschen: Der Kopf, die rechte Körperhälfte bis zum Knie, die linke Körperhälfte, der rechte Unterschenkel und Fuß, der linke.

Das Waschen ging langsam vor sich. Als ich einmal etwas vorpreschen wollte, wies Scheich Mohammed mich darauf hin, dass immer die richtige Reihenfolge einzuhalten sei. Es berührte mich seltsam: Am Ende fühlte sich die Haut des Toten weicher und wärmer an. Als wir fertig waren, trat die Witwe hinzu und fasste

seine rechte Schulter. Es war ein Abschiedsgruß. Auch ich war froh: Wir durften unseren Bruder durch die Waschung vorbereiten für das Jenseits.
Dann durften wir ihn parfümieren. Wir fassten in unsere Hosentaschen, und es stellte sich heraus, dass wir Rosenöl, Neroliöl und Sandelholzöl mitgebracht hatten. Wir parfümierten seinen Kopf, seinen Oberkörper, seine Füße. Eine lange Narbe auf seiner linken Seite parfümierten und massierten wir besonders.
Anschließend ging es darum, ihn in die Totentücher einzuwickeln. Es wurden mehrere vorbereitete weiße Leinentücher auseinandergefaltet. Es gab ein Leinentuch mit einer Öffnung für den Kopf: Damit wurde er bedeckt. Von einem zweiten Leinentuch wurden schmale Streifen abgerissen. Damit wurden seine Arme und Beine in ihrer Stellung fixiert: ein Band in der Höhe der Oberarme, ein Band etwas oberhalb der Handgelenke, ein Band oberhalb der Fußgelenke. Zuletzt wurde der Tote noch in zwei weitere Leinentücher gewickelt, die Tücher oben und unten zugebunden. Dann wurde der Tote in den Sarg gelegt. Für diesen Tag war die Arbeit getan. Oder nicht?

Das Herz soll nach Mekka schauen

Wir hatten uns schon von dem Bestatter verabschiedet und waren auf der Treppe nach oben, da fiel Abdullah ein: Wir haben den Toten nicht auf die rechte Seite gebettet. Zum Glück war der Bestatter noch hinter uns.

Wir baten ihn, den Sarg noch einmal öffnen und den Toten anders hinlegen zu dürfen. Er sagte: »Ich habe mich sowieso schon gewundert, weshalb Sie das nicht getan haben.« Aber er hatte nichts gesagt, auch Scheich Mohammed hatte nicht eingegriffen. Scheich Mohammed hatte nur zwei-, dreimal gesagt: »Ach, so macht ihr das?« Ich denke, er ließ uns gewähren, solange wir nicht gravierend gegen die Regeln verstießen.
Am nächsten Tag fuhren wir mittags zum Friedhof Ibbenbüren. In diesem Ort gibt es eine größere Anzahl Türken, die als Bergleute dorthin gekommen sind. Die hatten offenbar dafür gesorgt, dass es auf dem kommunalen Friedhof ein muslimisches Gräberfeld gab. Der Friedhof zieht sich den Berg hinauf, das vorgesehene Grab lag ganz oben am Rand. Man konnte sagen, Chairudins Wunsch wurde erfüllt, im Teutoburger Wald begraben zu werden.

Der Platz, den er liebte

Zum Begräbnis kam eine überraschend große Zahl von Menschen zusammen: die Witwe mit ihren beiden kleinen Töchtern, viele schwarzgekleidete Trauergäste mittleren und höheren Alters, offenbar die Verwandtschaft des Toten oder seiner Frau, dann etwa sechs bis acht jüngere Türken und ebenso viele Iraner, außerdem wir vier *Burhanis*: Scheich Mohammed, die Brüder Mohammed und Abdullah und ich. Der Sarg wurde herangefahren. Sechs Männer hoben ihn vom Wagen und setzten ihn neben der Grube ab. Nun war es Zeit das Totengebet zu sprechen. Es schien unklar, wer der Vorbeter sein sollte: ein Türke, ein Iraner oder ein *Burhani*. Da ergriff Mohammed die Initiative. Er trat zwischen die Männer an den Sarg und sagte: »Moment mal, macht mal bitte Platz!«, dann laut: »Das Totengebet für Chairudin.« Und er bat Scheich Mohammed nach vorne. Ich war sehr erleichtert, denn im stillen hatte ich befürchtet, ein Iraner, der die Zeit vorher laut Koran-Verse rezitiert hatte, könnte sich vordrängen.

Beim Totengebet sind alle wie bei jedem Gebet in Richtung Mekka gewandt: Zuerst der Tote, der auf seiner rechten Seite liegt, so dass sein Herz und sein Gesicht nach Mekka zeigen, dann der Vorbeter, in diesem Falle Scheich Mohammed, dann die Reihen hinter ihm. Das Totengebet wird im Stehen verrichtet, es gibt keine Niederwerfungen. Viermal wird »Allahu akbar« – »Gott ist größer« rezitiert, und nach den einzelnen Rezitationen betet jeder leise: Lobpreis und Dank an Allah, Segenswünsche für den Propheten Mohammed und seine Angehörigen, Fürbitten für den Toten und Fürbitten für alle Muslime. Dann sagt man »Assalamu alaikum«, und das Gebet ist beendet.

Der Sarg wurde vom Bestatter und seinen Helfern in die Grube gelassen. Dann wurde das Grab von den Beerdigungsgästen zugeschaufelt. Das finde ich eine sehr schöne muslimische Sitte, dass der Tote wirklich von den Angehörigen und Freunden mit Erde bedeckt wird. Die westfälischen Verwandten hielten sich beim

Begräbnisgebet und beim Auffüllen des Grabes abseits. Das war nicht anders zu erwarten gewesen. Schließlich wurde ein kleiner Grabhügel geformt und mit ein paar vorhandenen Steinen umrahmt. Ein paar Blumensträuße wurden darauf gelegt.

In diesem Augenblick kamen mir die Tränen im Gedanken an Chairudins Schicksal, und ich lehnte mich an Mohammed. Da trat die Witwe zu uns und lud uns alle zu einem Imbiss in einen nahegelegenen Gasthof. Man verabschiedete sich. Scheich Mohammed und die Brüder Mohammed und Abdullah fuhren zurück nach Berlin und besuchten dabei noch die Externsteine. Scheich Mohammed habe das gewünscht. »Wenn das der Platz ist, den er liebte, dann lasst uns dorthin gehen.«

Ich freue mich darüber sehr. Ich finde, Chairudins Leben ist auch im Diesseits, ja, auch im Diesseits zu einem guten Ende gekommen. Scheich Mohammed hat ihn gewaschen, hat für ihn das Totengebet gesprochen und seinen Lieblingsplatz besucht. Konnte er vollständiger rehabilitiert werden?

Keine Gottheiten außer Gott

Die Beerdigung von Chairudin fand vor sieben oder acht Jahren statt. Kürzlich hatten wir in Münster wieder eine Beerdigung. Der Vater eines Bruders aus der *Tariqa* war gestorben. Der Verstorbene war katholisch, seine Frau ebenfalls. Sie steht der *Tariqa Bur-*

haniya sehr nahe und hat den Scheich begrüßt, als dieser in Münster war. Sie wünschte für die Beerdigung ihres Ehemannes den Segen der Scheichs unseres Ordens. Was konnte man tun? Es kam nur eine katholische Beerdigung in Frage.

Der Sohn nahm die Sache in die Hand. Von mir wusste er, dass es auf dem großen Friedhof am Stadtrand ein kleines muslimisches Feld gibt. Er erreichte, dass sein Vater direkt angrenzend einen Begräbnisplatz bekam. Er gewann einen katholischen Pastor, der seit Jahren mit unserer *Tariqa*-Gruppe befreundet ist, für die Beerdigung und sprach mit ihm die Begräbnistexte durch.

Wir Brüder und Schwestern der Gruppe trafen uns in der *Zauwiya*. Wir sprachen Fürbitten für den Toten. Wir nahmen einen kleinen Stein und lasen darauf 70.000mal »La ilaha illa-llah – Keine Gottheiten außer Gott«. Das ging so vor sich: Wir legten den Stein in die Mitte. Jeder sprach 1000mal leise »La ilaha illa-llah« und zählte dabei mit der Gebetskette. Wer die Zahl 1000 erreicht hatte, blies einmal auf den Stein. Schließlich war die Zahl 70.000 erreicht. Der Stein wurde später dem Toten mit ins Grab gegeben.

Es war eine sehr harmonische Beerdigung. Die Teilnehmer waren Katholiken aus der Verwandtschaft des Verstorbenen und seiner Frau, Muslime, nämlich Sohn, Schwiegertochter und Enkel sowie ein paar Mitglieder aus der *Tariqa*-Gruppe und Protestanten aus der Verwandtschaft der Schwiegertochter. Die Frau des

Verstorbenen bedankte sich für die Fürbitten von uns Muslimen, und das fand ich sehr schön.

Ich bin umgezogen

Eine Schwester berichtet:
Im Frühjahr 1983: Aus Khartum kam ein Anruf, Maulana Scheich Mohammed Osman sei gestorben. Wir wollten es nicht glauben, doch dann bestätigte sich die Nachricht. Viele von uns waren fassungslos. Ich erinnere mich, dass wir uns in der *Zauwiya* trafen und für Maulana Scheich Mohammed Osman das Totengebet sprachen, eine Reihe Männer und eine Reihe Frauen. Unsere Kenntnis des *Islam* war gering, unsere Liebe zu Maulana Scheich war groß. Einige von den Männern weinten an diesem Abend laut und hemmungslos.
Eine kleine Gruppe machte sich drei Tage später spontan auf den Weg nach Khartum.
Zwischenstopp in Kairo. Die *Zauwiya* war wie leergefegt, ganz anders als ein Jahr zuvor.
Ankunft in Khartum in der Dunkelheit...
Es kam der Augenblick unseres ersten Besuchs am Grab. Mir war sehr beklommen zumute. Würde ich weinen müssen? Würden alle weinen?
Wir wurden zu einem großen staubigen Platz gebracht, der von einer zerfallenen Mauer umgeben war. Neben einer Baustelle stand ein Sonnensegel, darunter ein rie-

siger Kühlschrank. Überall geschäftige und freundliche junge Männer.

Der *Maqam* selbst bestand am Tage unserer Ankunft aus einem Holzkasten, der mit grünem Tuch bedeckt war. Drumherum wurde notdürftig ein Zelt aufgebaut. Außerhalb des Zeltes stand ein Gerüst, und all die Tage unserer Anwesenheit wurden um das Zelt herum die Mauern des *Maqams* gebaut. Wir, die innen saßen und beteten, wurden also quasi mit eingemauert. Die Arbeit ging unglaublich schnell voran.

Mir war, wie gesagt, bei meinem ersten Besuch sehr beklommen zumute. Ich dachte an andere Verstorbene, zum Beispiel an meinen Vater, an dessen Beerdigung ich nicht teilgenommen hatte.

Ich berührte das Holz des *Maqams* und empfand Freude und Genugtuung. Es kam mir ein Satz wie: Jetzt habe ich dich! Natürlich: Jetzt konnte ich an Maulana Scheich Mohammed Osman ganz nah heran. Im Jahr zuvor hatte ich in seiner Nähe eine große Scheu, manchmal sogar Angst gespürt. Und hier jetzt sein *Maqam*, den ich heute und immer besuchen kann. Ich habe mein Zuhause auf dieser Welt gefunden.

Im Frühjahr 2002: Zur *Hauliya* in Khartum sollte ein neuer *Maqam* für Maulana Scheich Mohammed Osman eingeweiht werden. Ich hatte Fotos vom Rohbau gesehen und ich hatte gehört, dass das neue Gebäude zweistöckig sein würde – mit einer Empore für die Frauen. Ich war geschockt. Erinnerungen an Reisen nach Saudi-Arabien drängten sich auf: Die Frauen

verbannt in Nebenräume.
Ich war empört. Der *Maqam*, mein Zufluchtsort, das Gitter, das wir anfassen, wenn wir Maulana Scheich Mohammed Osman um Fürsprache bitten, das Gitter, an dem schon viele Tränen geflossen sind, das Gitter, das sich anfühlt wie seine Hand oder sein Fuß, nicht mehr erreichbar? In diesem Jahr war ich nicht in der Lage, nach Khartum zu fahren. Zu groß war meine Angst vor dem, was ich sehen würde. Kurz bevor die Gruppe aus Deutschland zu der Reise aufbrach, hatte ich einen Traum. Ich saß bei Maulana Scheich Mohammed Osman und wir unterhielten uns ganz entspannt. Da sagte er: »Ach, übrigens, ich bin umgezogen.« Es hatte den Anschein, als wolle er mir seine neue Wohnung zeigen. Aber leider bin ich vorher aufgewacht.

Dann gehe ich wieder zur ägyptischen Eisenbahn

Folgendes wurde mir von einer Schwester berichtet:
Es war im Herbst 1981 oder 1982. Wir hatten über Salah Eid den Sufismus und die *Tariqa* kennen gelernt. Viele von uns waren mit der Reisegruppe der vierzig Deutschen nach Khartum geflogen und hatten dort Maulana Scheich Mohammed Osman getroffen. Wir waren nach Deutschland zurückgekehrt und trafen uns seitdem regelmäßig in der Gruppe. Aber *Aurad* und Gebet?

Einige von uns hatten erst auf der Reise angefangen *Aurad* zu machen. Unser Unabhängigkeitsdrang sträubte sich heftig gegen die Vorstellung, ein bis zwei Stunden täglich *Aurad* zu machen und fünfmal am Tag zu beten. Vorher waren wir Freunde, jetzt waren wir Schwestern und Brüder in der *Tariqa*. Wir waren tief beeindruckt von unseren Erlebnissen auf der Reise, wir waren begeistert von unserem Scheich Mohammed Osman, wir waren absolut sicher, die *Tariqa* nie wieder verlassen zu wollen - aber dass unser geliebter Scheich von uns Anstrengungen in den *Aurad* wünschte, das wollten wir lieber nicht zur Kenntnis nehmen.

Maulana Scheich Mohammed Osman hatte in Khartum einen von uns beauftragt, uns die *Aurad* zu erklären und uns auf dem Weg des Sufismus zu betreuen. Eines Tages rief dieser Beauftragte uns zusammen und erzählte uns, was eine Schwester – den Namen nannte er nicht – ihm mitgeteilt hatte.

Die Schwester hatte einen Traum: Es klopfte an der Wohnungstür. Als sie öffnete, stand dort ein weißgekleideter Mann, in *Ghalabia*, er wirkte wie ein Krankenpfleger. Der Mann sagte: »Guten Tag. Mein Name ist Ibrahim Disuq. Wenn ich hier nichts zu tun bekomme, dann gehe ich wieder zur ägyptischen Eisenbahn.« Damit verschwand er.

Wir alle verstanden den Traum als dringende Mahnung, die *Aurad* ernst zu nehmen.

Ein Burhani soll sich nicht auffällig kleiden

Wir hatten das Glück, dass damals gerade ein älterer sudanesischer Bruder in unserer *Zauwiya* zu Gast war. Er sprach gut Deutsch, aber bei unseren Gesprächen hörte er meistens nur zu. Er saß bei uns, bewegte seine Lippen und seine Gebetskette: Er machte *Aurad*. Wir wussten von ihm, dass er Maulana Scheich Mohammed Osman sehr gut gekannt hatte. Wenn wir etwas von ihm wissen wollten über Maulana Scheich oder die *Tariqa*, antwortete er oft: »Das weiß ich nicht, da müsst ihr Scheich Hussein fragen.«
Gerne zitierte er Imam Malik, den Begründer einer der vier Rechtsschulen im *Islam*: »Wer um ein Rechtsgutachten gebeten wird und die Antwort gibt: ‚Das weiß ich nicht.', der hat eine gute Antwort gegeben.« Der Bruder war nicht leicht zum Reden zu bringen, aber durch beharrliches Fragen erfuhren wir von ihm doch einiges über Maulana Scheich Mohammed Osman und die Besonderheit seiner *Tariqa*.
Maulana Scheich Mohammed Osman hat schon als Kind und Jugendlicher sehr viel gebetet und sehr viel *Aurad* gemacht. Als er ein junger Mann war, bekam er den Auftrag, die *Tariqa* von Sidi Ibrahim Disuqi zu führen. Er weigerte sich lange, weil er sehr genau wusste, wie schwer die Verantwortung ist, Scheich einer *Tariqa* zu sein. Schließlich sah er ein, dass er die Aufgabe übernehmen musste. Er stellte Bedingungen, sechzig Forderungen zugunsten seiner Schüler. Ein

paar davon sind bekannt. Man könnte sie etwa so umschreiben:
Ein *Burhani* soll sich nicht außergewöhnlich kleiden und kein auffälliges Benehmen zeigen, kurz gesagt, nicht das Erscheinungsbild eines Außenseiters haben. *Burhanis* machen keinen *Chulwat*, keinen vierzigtägigen Rückzug aus der Welt. *Burhanis* müssen nicht durch die Wüste wandern oder sonstige extreme körperliche Strapazen erdulden. Die *Burhanis* können aus allen gesellschaftlichen Schichten stammen und sollen nach Möglichkeit einen normalen Beruf ausüben. Die meisten von ihnen sind verheiratet und haben Kinder.
Im Gegenzug wurden für die *Burhani*-Schüler folgende Regelungen festgelegt:
Ein *Burhani* darf keine andere *Tariqa* nehmen. Ein *Burhani* darf seinen Glauben an den Scheich nicht verlieren. Ein *Burhani* soll permanent seine *Aurad* lesen.
So bekam Maulana Scheich Mohammed Osman den Auftrag, die *Tariqa Burhaniya*, die *Tariqa* von Sidi Ibrahim Disuqi, zu verbreiten.

Die Reise zu Allah

Der Prophet Mohammed, Gottes Segen und Frieden sei
mit ihm, berichtete, dass Allah sagte:

...Wenn (Mein Diener)
Mir um eine Handspanne entgegenkommt,
dann komme ich ihm eine Elle entgegen.
Und wenn er Mir um eine Elle entgegenkommt,
dann komme Ich ihm zwei Armlängen entgegen.
Und wenn er auf Mich schreitend zukommt,
dann komme Ich eilend zu ihm.

(Sahih Al-Buchari 7405)

Wer Sidi Abul Hassan besuchen will

Als ich ganz neu in der *Tariqa* war, hörte ich mehrere seltsame Geschichten über Reisen zu Sidi Abul Hassan al Schadhuli, dessen Grab tatsächlich in der Wüste liegt: von Reisenden, die unverrichteter Dinge zurückgekehrt seien, die lange in der Wüste umhergeirrt seien oder gar verschollen seien. Ein Bruder, der schon dort gewesen war, sagte mir mit wichtiger Miene: »Wer Sidi Abul Hassan al Schadhuli besuchen will, braucht dazu eine Erlaubnis.« Er meinte damit die Erlaubnis eines Scheichs, die Reise überhaupt antreten zu dürfen.

Fast zwanzig Jahre später planten meine Frau und ich eine Reise nach Ägypten. Nach unseren Vorstellungen sollte die Reise beides sein: teils Touristenreise, teils Besuch von Heiligengräbern. Wir dachten auch an Sidi Abul Hassan al Schadhuli. Ich hatte die ominösen Warnungen von damals noch im Ohr und dachte, ich will mal hören, was die Scheichs zu unserem Vorhaben sagen.

Ich rief Scheich Mohammed an und sagte ihm, wir wollten eine Reise nach Ägypten machen, nach Kairo und Aswan. Er fragte: »Und wollt ihr auch Sidi Abul Hassan al Schadhuli besuchen?« - »Ja, wenn es möglich ist.« – »Ihr könnt das von Kairo oder von Aswan aus machen.« Damit war ich schon mal sicher: Ich hatte die Erlaubnis der Scheichs. Und kurz vor unserer Abreise rief ich noch Scheich Hussein an, um mich bei ihm zu verabschieden. Er fragte: »Wollt ihr auch Sidi Abul Hassan al Schadhuli besuchen?« – »Ja.« – »Das finde ich gut.« Was wollte ich mehr?

Wir flogen nach Kairo, dann nach Aswan. Der Aufenthalt dort sollte der Erholungsteil unserer Reise sein. Wir waren vor allem an den Schönheiten der Natur interessiert: Wüste, Nil, blühende Bäume und wärmende Sonne im Februar. Für mich gestaltete sich der Aufenthalt schwieriger als ich gedacht hatte. Meine Rolle war, auch für mich selbst, etwas unklar: War ich eine normaler Tourist, oder war ich keiner?

Nach ein paar Tagen besuchten wir die *Zauwiya* der *Tariqa Burhaniya* in Aswan. Meine Frau war vor sie-

ben Jahren schon einmal dort gewesen mit einer großen Reisegruppe und dann weitergefahren zu Sidi Abul Hassan al Schadhuli. Sie war etwas enttäuscht, dass der Empfang diesmal nicht so herzlich war. Wie wir später erfuhren, lag das daran, dass wir kein Empfehlungsschreiben hatten und unser Besuch auch nicht angekündigt war. Im Lauf des Gesprächs mit den Brüdern äußerte ich unseren Wunsch, Sidi Abul Hassan al Schadhuli zu besuchen. Jemand, der aus einem Nachbarort stammte, sagte, er könne einen Fahrer besorgen, der würde uns mit seinem Kleinbus dorthin bringen, und er nannte einen bestimmten Preis.
Als wir das unserem Hotelier erzählten, antwortete der: »Das ist zu teuer. Und wieso brauchen Sie für zwei Personen einen Kleinbus? Ich habe einen Vetter mit einem Taxi, der bringt Sie hin. Und im Polizei-Büro kenne ich einen Offizier, der wird Ihnen einen Erlaubnisschein ausstellen.« – »Erlaubnisschein?« – »Sie wissen doch, in ganz Ägypten dürfen Touristen sich nur in bestimmten von der Polizei kontrollierten Bezirken aufhalten.« - »Ach so.« – Wir hatten die vielen Polizisten in Aswan gesehen. Auf der Corniche, der Prachtstraße am Nilufer, stand etwa alle fünfzig Meter ein schwarzgekleideter Polizist. Es waren meist ganz junge Kerle, mit Maschinenpistole. Im Eingangsbereich der größeren Hotels standen immer mehrere Polizisten. Das Massaker an ausländischen Touristen, das Fundamentalisten in der Tempelanlage von Luxor angerichtet hatten, war erst zwei Jahre vorbei. Vor ein paar Wochen hatte ein

Ägypter vier deutsche Touristen als Geiseln genommen, um die Herausgabe seiner Kinder aus Deutschland zu erpressen. Die Polizei wollte die Touristen auf jeden Fall vor erneuten terroristischen Anschlägen schützen.

Der Hotelier fuhr fort: »Das hier ist der Name des Polizeioffiziers.« Er schrieb etwas in Arabisch auf ein Blatt Papier. »Gehen Sie morgen früh zum Polizeipräsidium an der Corniche, gegenüber dem Hotel Isis. Verlangen Sie nach diesem Offizier. Der wird alles für Sie regeln. Sie werden dann eine polizeiliche Erlaubnis bekommen, den Bezirk Aswan verlassen zu dürfen.« Dass ich mich also als Tourist in Ägypten nicht frei bewegen durfte, das registrierte ich erst jetzt.

Am nächsten Morgen gingen wir zum Polizeipräsidium, direkt an der Corniche gelegen, ein klotziges Gebäude, vielleicht noch aus der Zeit der sowjetisch-ägyptischen Freundschaft stammend, mit schwarzen Porphyr-Platten verkleidet, darauf Inschriften in goldenen Lettern. Im Innern ein totaler Kontrast: Die Ausstattung weniger als schlicht. Sofort trat uns ein Polizist entgegen. Dass er nicht gleich seine Maschinenpistole auf uns richtete, - fast könnte man sagen, da hatten wir Glück gehabt. Er nahm mir meinen Zettel ab, dann winkte er einen anderen Polizisten herbei, der führte uns in ein hässliches Treppenhaus und dann nach oben bis etwa in den fünften Stock, dann in ein Büro. In dem kahlen Raum standen zwei Schreibtische, hinter jedem saß ein Polizist, offenbar ein Offi-

zier. Unser Begleiter gab dem einen Offizier den Zettel und verschwand.
Der Offizier sah mich an und fragte: »What do you want?« Ich nannte ihm den Namen des Offiziers, an den wir uns wenden sollten. »He is not here.« An der Art, wie er antwortete, hätte ich merken können: Diese Tür war verschlossen.
Trotzdem versuchte ich noch alles Mögliche, um zu meinem Ziel zu kommen. Außerdem fing ich an mich über die Behandlung zu ärgern. Der Offizier hatte uns keinen Sitzplatz angeboten. Ich zeigte meiner Frau einen Stuhl in der Ecke und wendete mich wieder an den Offizier. Wie gelangweilt blickte er von seinen Papieren auf. Ich sagte ihm, wir wollten Sidi Abul Hassan al Schadhuli besuchen, und unser Hotelier sei bereit, Fürsprache für uns einzulegen. Der Offizier fragte: »Warum ist er nicht hier?« Damit hatte er ein bisschen Recht, schien mir. »Sie können ihn anrufen.« – »Welche Nummer?« Leider fand ich die Nummer in meinen Taschen nicht. »Sie können doch die Nummer nachschlagen.« Darauf reagierte er nicht.
Dann versuchte ich es anders. Ich schlug unsere Pässe auf und zeigte ihm die Visa von der Pilgerfahrt nach Mekka. Ich sagte: »Wir sind Muslime, wir wollen das Heiligen-Grab besuchen, das Grab von Sidi Abul Hassan al Schadhuli.« Auf einmal verstand er kein Englisch mehr. Er sagte: »Qalam arabi – Sprechen Sie Arabisch!« Ich merkte, wie eine neue Welle von Empörung in mir aufstieg. Ich nahm alle meine Arabisch-Kenntnisse zu-

sammen und sagte: »Wir sind Muslime – wir waren zur Pilgerfahrt in Mekka – wir wollen zu Sidi Abul Hassan al Schadhuli.« Jeder Araber, der verstehen wollte, hätte das verstehen können. Der Offizier warf einen Blick zu seinem Kollegen, zuckte die Schulter und wiederholte: »Qalam Arabi!« Ich warf einen Blick zu meiner Frau, sie stand auf, ich sagte noch »Assalamu alaikum«, und wir gingen.

Ich war sehr empört über die Art der Behandlung. Auf der Corniche beruhigte ich mich langsam. Meine Frau schlug vor: »Vielleicht sollten wir es doch über die *Tariqa* versuchen.« Wir überlegten noch, ob wir zu Fuß oder per Taxi zum Hotel zurückkehren wollten, da kam ein Polizei-Offizier eilig auf uns zu. Er sagte in sehr höflichem Ton: »Please, follow me.« Er führte uns zurück zum Polizei-Präsidium, dann zu einem Aufzug – aha, es gab also einen Aufzug – dann in das Büro des Offiziers zurück. Ich dachte: Jetzt klappt es also doch. Der Offizier stand auf, überreichte mir meine Leinentasche – die hatte ich dort in meinem Ärger vergessen – und sagte: »Please, your bag.« Ich bedankte mich, und wir gingen.

Wir erzählten die Sache dem Hotelier. Seine Antwort war: »Mh.«

Am Abend sprach er uns an. Es klang etwas kleinlaut: »Bitte, wie hieß der Herr, der einen Kleinbus vermitteln wollte?« Wir nannten ihm den Namen. »Ich kümmere mich darum.« Am darauffolgenden Abend kehrten wir ziemlich spät ins Hotel zurück. Der Hotelier hatte offenbar auf uns gewartet, um uns mitzuteilen: Der Kleinbus würde um drei Uhr morgens zum Hotel kommen, zwei Brüder aus der *Tariqa* würden uns begleiten. Wir waren erfreut und stimmten sofort zu. Wir standen rechtzeitig auf und machten uns bereit. Wir gingen nach unten in die Eingangshalle. Der Nachtportier saß auf einem Sofa und war eingeschlafen. Wir warteten eine halbe Stunde, dann ging meine Frau wieder nach oben. Ich blieb unten und wartete. Nun, ein *Burhani* hat nicht so leicht Langweile, er kann immer *Aurad* machen. Ich fing an, und ich bat unter anderem auch Sidi Abul Hassan al Schadhuli um das Gelingen unserer Reise. Es wurde fünf Uhr, meine Frau war wieder nach unten gekommen, da ging die Tür auf und herein kam ein ägyptischer Bruder. Er strahlte solche Kraft und Zuversicht aus, dass ich sofort wusste: Mit ihm zusammen wird unsere Reise gelingen.

Am kritischen Punkt

Wir beteten zusammen das Morgengebet, dann ging es los in Richtung Norden. Es war noch dämmrig und es war kühl. Wir kamen an den kritischen Punkt unserer Reise, den Kontrollpunkt an der Stadtgrenze von Aswan. Es hatten sich Warteschlangen gebildet, und zwar in beiden Richtungen. Die Polizisten hatten reichlich zu tun. Sie kontrollierten eingehend die stadteinwärts fahrenden Wagen. Auf einmal winkte ein Polizist alle stadtauswärts fahrenden Wagen durch. Ich glaube, er hat kaum einen Blick in unser Fahrzeug geworfen. Und wenn – meine Frau trug ein Kopftuch, und mir hatte Hussein, so hieß unser Begleiter, ein Wolltuch gegeben, weil ich fror. Das sollte ich, so wie er, um den Kopf binden. Ich sah damit fast wie ein Beduine aus.

Dann zeigte unser Busfahrer sein Können. Wir fuhren auf der Nilstraße. Es war, jetzt am Morgen, sehr viel Verkehr: Lastwagen, Eselskarren, Radfahrer. Der Busfahrer fuhr extrem schnell, aber, davon war ich bald überzeugt, nicht verantwortungslos. Er wusste anscheinend abzuschätzen, wann es gefährlich wurde. Sonst raste er haarscharf an LKWs und Autos vorbei.

Wir erreichten ein kleines Städtchen. Dort waren Hussein, der Busfahrer und unser dritter Mitfahrer beheimatet. Den suchten wir jetzt auf. Wir gingen durch enge Gassen, Grüppchen von Schulkindern begegneten uns, wir kamen an das Haus von Abdul Hadi. Er lud uns ein, mit ihm erst einen Milchtee zu trinken.

Wir nahmen Platz in dem Männerraum. Nach meinem Eindruck sind die meisten Häuser in Oberägypten, also die nach europäischen Maßstäben den Namen Haus verdienen, ähnlich gestaltet. Der Gast wird in den Männerraum geführt, das ist meistens ein ziemlich dunkler schmuckloser Raum mit hohen Pritschen an den Wänden. Darauf können die Besucher Platz nehmen, eventuell auch über Nacht schlafen. Dusche und WC sind vorhanden. Der hintere Teil des Hauses, das

Reich der Frauen und Kinder, bleibt für den Besucher verschlossen.
Abdul Hadi verschwand im hinteren Teil des Hauses, um selbst den Milchtee zuzubereiten. Zwei von seinen Töchtern kamen aus dem Frauenbereich, etwas schlaftrunken und schüchtern, begrüßten uns und verschwanden wieder. Wir schlürften den heißen Milchtee. Erst hatte es geheißen, man müsse ganz früh abfahren, um drei Uhr, wegen der langen Reise, und jetzt gab es noch eine Pause für Milchtee – aber Ungeduld? Auch ich hatte keine Ungeduld mehr, sondern große Zuversicht.
Es ging weiter auf der Straße nach Norden bis Edfu. Dort zweigt von der Niltal-Straße eine Straße nach Osten ab. Die führt durch die Wüste und durch das Gebirge bis Marsa Alam am Roten Meer. Es gab noch einmal eine Polizeikontrolle. Unser Busfahrer winkte den Polizisten fröhlich zu und brauste durch. Wir hätten jetzt durchfahren können zu Sidi Abul Hassan al Schadhuli. Aber unsere ägyptischen Freunde? Sie luden uns ein in eine orientalische Fernfahrer-Raststätte. Dort wurden alle ländlich-würzigen Köstlichkeiten aufgetischt: Fulbohnen, Falafel, gebratene Auberginen, in scharfer Sauce eingelegtes Gemüse, Schafskäse, gebratene Eier...

Die Wüste

Dann die Wüste. Wir fuhren eine Asphaltstraße entlang, wieder in höchstem Tempo. Der Fahrer bremste nur an bestimmten Stellen ab, wo die Asphaltdecke schadhaft war. Bald sahen wir rechts und links und wieder rechts kleinere Berge. Sie schienen aus Schutt zu bestehen, aus zertrümmertem Gestein. So sahen vor vielen Jahren die Abraumhalden des Bergbaus im Ruhrgebiet aus. Zersplitterten hier in der Wüste die Felsen unter dem krassen Wechsel von Hitze und Kälte?

Unsere beiden Begleiter: Vorne neben dem Fahrer saß Abdul Hadi, zu Deutsch »Diener des Rechtleitenden«, wir in der Mitte, hinter uns Hussein, der uns abgeholt hatte. Wir spürten ihre herzliche Fürsorge und fühlten uns zwischen ihnen sicher wie in Abrahams Schoß.

Hussein machte mich auf etwas aufmerksam. Auf den Hügeln rechts und links waren Steinhaufen aufgeschichtet, sogenannte Steinmännchen. Das waren Wegmarkierungen aus einer früheren Zeit, als es hier noch keine Straße gab. Über viele, viele Jahrhunderte zogen Tausende von Pilgern diesen Weg. Sie kamen aus Ägypten, aus Nordafrika, aus Westafrika, viele waren mehr als ein ganzes Jahr unterwegs. Sie fuhren mit Schiffen den Nil aufwärts, bogen dann ab in die Wüste, wie wir, und strebten auf der kürzesten Strecke zum Roten Meer. Von dort ließen sie sich übersetzen nach Arabien. Auch Sidi Abul Hassan ist diesen Weg

gegangen, oft, wie es heißt.
Manchmal verbreiterte sich das Tal etwas. Man sah Sand, man sah, dass dort Wasser geflossen war, irgendwann, man sah einzelne Dornenbüsche, ein paar schüttere Bäume. Dann eine Hütte aus ein paar Stangen, darüber Jute- und Plastik-Säcke. Eine Frau in einem schwarzen Gewand, ein paar Ziegen. Dann wieder Fels- und Geröllwüste.
Mehrere Tage diese Wüste durchqueren, auf einem Kamel, oder gar zu Fuß? Man musste Vertrauen haben, man musste aufmerksam sein sich nicht zu verirren. Sidi Abul Hassan al Schadhuli ging zu Fuß, hörten wir. Wer war Sidi Abul Hassan al Schadhuli? Er stammte aus dem Ort Schadul im heutigen Tunesien. Er war ein berühmter Religionslehrer und Prediger im heutigen Marokko. Weil seine Ansichten den dortigen Machthabern missliebig waren, ging er nach Alexandria in Ägypten. Auch dort war er bald hochberühmt, auch dort wurde er angefeindet. Er soll gesagt haben: »Niemand kann ein großer Heiliger werden, bevor er nicht jede Art von Verleumdung, Verfolgung, Verrat erlebt hat.« Er bat für seine Feinde, Allah möge sie zu Heiligen machen.
Vor uns sahen wir eine kleine Moschee und ein paar kleine Gebäude. »Said Salim. Er ist das Tor zu Sidi Abul Hassan al Schadhuli,« erklärte Hussein. Wir hielten an und besuchten das Grab von Said Salim, einem Schüler von Sidi Abul Hassan al Schadhuli. Hier trafen wir Menschen, die mit dem gleichen Ziel wie wir unter-

wegs waren. Ihre Fahrzeuge waren vollbesetzt mit Menschen, Männer und Frauen, Alte und Junge, und voll beladen mit Gepäck. Einige verweilten bei Said Salim, es war friedlich dort.

Bei Said Salim teilt sich die Straße. Die Hauptstraße geht weiter nach Marsa Alam am Roten Meer, wir nahmen die Abzweigung, die südlicher verläuft.

Wir hörten von unseren Begleitern, zu dieser Zeit seien viele Menschen unterwegs zu Sidi Abul Hassan al Schadhuli, denn sein Mulid stehe bevor, die jährlichen Feiern zu seinem Todestag. Der Mulid von Sidi Abul Hassan al Schadhuli wird zur Zeit der Pilgerfahrt gefeiert, denn er war unterwegs zum *Hadsch*, als er starb. Zum wiederholten Male hörten wir die Geschichte: Sidi Abul Hassan al Schadhuli brach mit einem Schüler auf zur Pilgerfahrt und nahm einen Spaten mit. Auf die Frage des Schülers antwortete er: »Fi Humaisarra saufatarra« – »In Humaisarra wird man es sehen.« Als sie dort ankamen, starb er und wurde dort beerdigt. Es heißt, dass die Engel jedes Jahr die Pilgerfahrt für ihn vollziehen, die er nicht mehr vollenden konnte. Heutzutage reisen viele arme Ägypter, die das Geld für die Pilgerfahrt nicht aufbringen können, zur *Hadsch*-Zeit nach Humaisarra zu Sidi Abul Hassan al Schadhuli. Sie waren jetzt schon unterwegs, etwa fünf Tage vor Beginn des *Hadsch*.

Zuflucht der Bedürftigen

Nach etwas viereinhalb Stunden Fahrt durch die Wüste erreichten wir den Ort Humaisarra. Wir fuhren an ein paar niedrigen Gebäuden vorbei und erreichten den *Maqam*. Mein erster Eindruck: Viele Arme, Kranke, Gebrechliche, Behinderte. Ich konnte nicht sofort in den Raum eintreten, weil ein Schwerstbehinderter hinausgehen wollte. Drinnen: ein relativ kleiner Raum, der Sarkophag umgeben von einem Gitter aus dunklem Holz. Einige Pilger saßen und machten *Aurad* mit der Kette, andere beteten mit Niederwerfungen. Ein kleines Mädchen ging von einem zum anderen und verteilte Stücke von einer rosa Süßigkeit, die sie geschenkt bekommen hatte. Unsere beiden ägyptischen Brüder waren sofort in tiefe Meditation versunken.

Ich wollte meine Augen nicht schließen, ich wollte sehen. Mehrmals umkreiste ich den Sarkophag. Ich sah die Menschen hereinkommen und nach kurzer Zeit wieder hinausgehen: Ich sah fast nur Arme, Schwache, körperlich oder geistig Behinderte.

Dann war die Zeit schon um. Unsere ägyptischen Brüder wollten aufbrechen. Wir vier *Burhanis*, Hussein, Abdul Hadi, meine Frau und ich, stellten uns nebeneinander an das Grab von Sidi Abul Hassan al Schadhuli und baten ihn, Fürsprecher zu sein für unsere Angehörigen. Wir nannten sie alle mit Namen, speziell auch unsere Kinder. Hussein versuchte die deutschen

Namen meiner Kinder nachzusprechen, darauf ich die Namen seiner Kinder.
Die Brüder wollten noch etwas für unser leibliches Wohl tun. Sie führten uns in ein Haus, in dem eine reiche Ägypterin gelebt hatte, die letzten Jahre ihres Lebens. Sie hieß Hadscha Zakiya. Man zeigte ein Foto von ihr. Wir durften ihr Bad benutzen. Wir wurden zum Essen eingeladen. Es gab dampfende Salzkartoffeln und Reis mit Tomatensoße. Zu meiner Überraschung vermischten die Ägypter beides. Es schmeckte wunderbar! Während wir aßen, hatte sich am Nachbartisch eine ganze Schar von Kindern versammelt, Mädchen und Jungen, zwischen vier und vierzehn Jahren. Sie blickten gelegentlich herüber und warteten geduldig. Es war selbstverständlich, dass wir nicht alles aufaßen. Wir standen auf und luden sie ein. Sie gingen an unseren Tisch und aßen den Rest, mit Anstand und ohne Hast.Draußen kaufte Abdul Hadi noch ein paar Mitbringsel für seine Familie. Ich fing an, die reichlichen Vorräte aus den Lunch-Paketen unseres Hotels zu verteilen. Hussein hielt mich zurück, nicht alles auszugeben. Auf der Rückfahrt, anders als auf der Hinfahrt, standen mehrmals an unserer Straße Beduinen-Kinder. Ich konnte ihnen ein Sandwich oder eine Orange in die Hand geben.
Spät in der Nacht kehrten wir zum Hotel zurück. Unser Hotelier war ganz gerührt. Er sei noch nie bei Sidi Abul Hassan al Schadhuli gewesen und wolle doch auch einmal hinfahren.

Von Sidi Abul Hassan al Schadhuli heißt es, dass er sehr großzügig ist, zu allen, die in irgendeiner Weise bedürftig sind. Wenn man die Landkarte betrachtet, sieht man, dass es von seinem Grab nicht weit ist bis zum Grab des Propheten Mohammed auf der anderen Seite des Roten Meeres. Sidi Abul Hassan bekommt den Segen von dort und verteilt ihn über Ägypten, ja ganz Nordafrika, sagt man.

Bevor man zum Hadsch geht

Wie es dazu kam, dass ich die Pilgerfahrt machte? Schritt für Schritt und Stück für Stück wurde ich in diese Richtung gedrängt, oder soll ich sagen gezogen? Ich hatte zunächst überhaupt nicht die Absicht, die Pilgerfahrt mitzumachen.

Es fing beiläufig an, mit einem Anruf. Meine Frau und ich hatten fünf Jahre lang so viele finanzielle Probleme, dass wir uns keinen Urlaub leisten konnten. Das war endlich vorbei. Im Lauf eines Telefongesprächs mit einem Bruder aus einer anderen Stadt sagte ich: »Es geht mir gut. Ich habe endlich keine Schulden mehr.« – »Dann darfst du ja die Pilgerfahrt machen.« – Nach dem islamischen Gesetz ist es verboten, die Pilgerfahrt zu machen, wenn man Schulden hat, denn wenn man nicht zurückkommt, dann müssen die Angehörigen die Schulden bezahlen. – Ich sagte: »An die Pilgerfahrt denke ich überhaupt nicht. Meine Frau möchte, dass wir endlich mal wieder einen gemeinsamen Urlaub machen.«

Dieses Telefongespräch war im Dezember. Dann kam der Januar, der Februar, meine Frau brachte Reiseprospekte mit nach Hause; ich sagte zu ihr: »Weißt du, ich habe große Sehnsucht mal wieder nach Khartum zu fahren zur *Hauliya*, ich war schon sechs Jahre nicht mehr dort.« Ich machte den Vorschlag, einen Urlaub in Ägypten am Roten Meer zu machen und anschließend zur *Hauliya* nach Khartum zu fliegen. Meine Frau war von dieser Idee nicht sonderlich begeistert, weil sie meinte, nach einer Woche Khartum sei die Urlaubserholung schon wieder verloren, aber sie spezialisierte sich von da an auf Ägypten-Prospekte.

Einige Zeit später saßen meine Frau und ich zusammen mit einem Bruder bei uns im Wohnzimmer, da kam ein anderer Bruder zu Besuch und sagte, kaum dass er sich gesetzt hatte: »Maulana Scheich Ibrahim wünscht, dass jeder, der zur *Hauliya* nach Khartum kommen will, vorher die Pilgerfahrt macht.« Diese Nachricht schlug bei mir ein wie eine Bombe. Sofort hatte ich Rückenschmerzen. Meine Frau und ich, wir hatten uns gerade geeinigt auf eine kombinierte Reise Rotes Meer/Khartum. Was würde sie jetzt sagen, wenn ich zur Pilgerfahrt gehen wollte?

Mittlerweile wusste ich, dass in diesem Jahr die Pilgerfahrt genau in meinen Osterferien lag – es würde einige Jahre dauern, bis sie dann in die Weihnachtsferien passte. Von der Zeit her war es also sehr passend,

und außerdem sagte ich mir: Wenn Maulana Scheich uns zum *Hadsch* auffordert, wird er uns Deutschen viele Helfer aus dem Orient schicken, die es uns leicht machen. Wenn ich jetzt nicht gehe, wer weiß, ob ich noch einmal eine so leichte und günstige Möglichkeit bekomme? - Ich hatte noch gar nichts gesagt, aber meine Frau hatte wohl meine Gedanken gelesen. Sie bot mir an: »Wenn du fahren willst, dann fahr. Ich bleibe zu Hause. Wer weiß, ob es für dich noch einmal eine so günstige Gelegenheit gibt, und ich will nicht diejenige sein, die dich hindert.«
Zwei Tage später bat ich meine Frau inständig: »Bitte, fahr auch du mit.« Sie stimmte nicht sofort zu. Sie fürchte sich vor den Strapazen einer Pilgerfahrt mit anschließender *Hauliya*. Sie könne es sich nicht leisten, nach der Rückkehr eventuell wochenlang krank oder geschwächt zu sein.
Nochmals zwei Tage später kam sie abends von der Arbeit zurück. Sie erzählte: »Heute in der Mittagspause bin ich an den Kanal gefahren und habe im Auto die Sonne genossen. Ich war mit der Frage beschäftigt, ob ich dieses Jahr zur Pilgerfahrt gehen soll. Da hörte ich ein Flugzeug, und als ich aufblickte, sah ich es an der blassen Mondsichel vorbeifliegen. Da wusste ich: Ich fliege zum *Hadsch*.« – Der Mond ist für die Muslime ein Symbol für den Propheten Mohammed.
In meiner Freude rief ich Scheich Mohammed an und sagte ihm, dass wir die Pilgerfahrt machen wollten. Ich setzte hinzu: »Wenn Maulana Scheich uns zur Pilger-

fahrt auffordert, dann wird er uns bestimmt viele Helfer schicken.« – »Das wird er gewiss tun«, sagte Scheich Mohammed.
Zwei Monate später traf sich unsere Gruppe zur Abreise auf dem Flughafen Frankfurt, und es stellte sich heraus, Scheich Mohammed, der Sohn von Maulana Scheich Ibrahim war auch da. Er machte die ganze Reise mit uns zusammen, nach Dschidda, Medina, Mekka, Khartum und wieder zurück nach Frankfurt.

Unser Zelt in Mina – unser Zuhause

Unsere Reisegruppe bestand aus fünfundvierzig deutschen Schwestern und Brüdern, fünf Franzosen und unseren zwei Begleitern, das waren Scheich Mohammed und ein ägyptischer Bruder. Wir flogen von Frankfurt nach Kairo und in der Nacht von Kairo nach Dschidda. In Dschidda verbrachten wir den Tag auf dem internationalen Pilger-Flughafen und flogen dann in der Nacht weiter nach Medina. Dort bereiteten wir uns vor auf den *Hadsch*, das heißt, wir hatten einen Führer, der uns noch einmal alle wichtigen Dinge ins Gedächtnis rief: Man fasst die Absicht, die Pilgerfahrt zu machen; man tritt in den Weihezustand – den Ihram – ein, wenn man sich Mekka bis auf ungefähr zweihundert Kilometer genähert hat, und legt zum Zeichen die *Hadsch*-Kleidung an. Frauen tragen ein *Hadsch*-Gewand, das nur Gesicht, Hände und Füße freilässt. Die Männer tragen zwei weiße ungenähte Tücher, heutzutage sind sie meist aus Frottee-Stoff. Ein Tuch wird um den Bauch geschlungen und nach innen gerollt, dass es fest sitzt, ein Tuch bedeckt den Oberkörper, aber so, dass die rechte Schulter frei bleibt. Außerdem darf man Sandalen tragen und wenn nötig einen kleinen Beutel oder eine Tasche für Geld und Ausweis. Eine Kopfbedeckung ist nicht erlaubt.

Die Kleidung und die übrigen Vorschriften symbolisieren den Pilgern, wie sie diese Erde verlassen werden. Von dem Zeitpunkt an, wenn man in den Ihram eintritt, darf man Haare und Nägel nicht schneiden, man darf kein Tier töten, und sei es noch so klein, man soll auch keinen Zweig von einem Baum abschneiden. Man soll an nichts anderes denken als an Allah. Wenn man sich dem heiligen Bezirk nähert, sagt man immer wieder: »Labeik, Allahumma, labeik. –Hier bin ich, o Gott, hier bin ich - Dein Diener zu Deinen Diensten«. Wenn man in Mekka ist und die Heilige Moschee erreicht hat, beginnen die Rituale: Der Tawaf, die siebenmalige Umrundung der Kaaba; der Say, das siebenmalige Laufen zwischen den »Hügeln« Saffa und Marva. Man grüßt den heiligen Stein. Man trinkt von dem Wasser der Quelle Zamzam. Man ehrt, wenn möglich, den Propheten Ibrahim an dessen *Maqam*.

Das sind die Rituale in Mekka. Während dieser Zeit geht man zum Ausruhen und Übernachten nach Mina. Das ist ein Bezirk außerhalb der Stadt Mekka. Zur Pilgerzeit stehen dort Zelte für zwei Millionen Pilger. Es ist alles gut organisiert: Es gibt Toiletten- und Waschanlagen, es gibt riesige Masten, von denen aus das Gelände nachts erleuchtet wird. Es gibt Straßen, es gibt Abteilungen in der Zeltstadt mit Nummern, wir hatten z. B. die Nummer 23, das bedeutete Europa, Südafrika und Australien. Es fahren ständig Busse in einem Rundkurs zwischen der Moschee in Mekka und der Zeltstadt, und sie haben vorn und seitlich das Fahrtziel angegeben, zum Beispiel 23, Abteilung Europa, Südafrika und Australien.

Wir kamen an unser Zelt. Es war ein altes; es hatte ein flaches Dach und an den Seiten schöne alte Leinwandstoffe in roten, gelblichen und blauen Mustern. Das Zelt war durch eine Leinwand zweigeteilt: Die Frauen bezogen den hinteren, die Männer den vorderen Teil. Das Zelt hatte einen Boden aus Leinwand, aber wir hatten eine ganz große Vergünstigung: Ein arabischer Bruder hatte für uns, für jeden von uns, eine Matratze und ein Kopfkissen geliefert, und so genossen wir einen großen Komfort, verglichen mit den anderen Pilgern.

Die Matratzen wurden ausgelegt, man musste sich einen Platz suchen, man musste sich arrangieren. Die Frauen hatten es in ihrem Teil des Zeltes wohl sehr eng. Als es im vorderen Teil des Zeltes zu essen gab, mussten wir wieder umräumen.

Wie ging es uns Pilgern nach der Ankunft in unserem Zelt und in der ersten Nacht? Wir waren froh, den Beginn der Pilgerfahrt erreicht zu haben und ein Zelt als Bleibe. Später stellte sich heraus, dass zwei Frauen die

Begrüßungsumrundung, den ersten Tawaf, nicht mitgemacht hatten. Jeder von uns bekam irgendwann seine Schwierigkeiten. Die riesige Menge von Pilgern und sich in dieser Menge zurecht zu finden. Ich hatte mir zu Hause deswegen etwas Sorgen gemacht. Aber zu meinem Erstaunen war das Wiederfinden immer ganz einfach, für mich jedenfalls. Ich hatte von Anfang an das sichere Gefühl: Hier kann ich nicht verloren gehen.

Als Jugendlicher hatte ich oft einen beängstigenden Traum: Ich sah Zahlen, lange Zahlen, waren es Hunderttausender oder Millionen? Die Zahlen blieben nicht stehen, sondern liefen ständig weiter wie in einer Wasseruhr. Ich konnte offenbar die Zahlen verändern, hatte aber keine Chance, mir eine Zahl zu merken, geschweige denn zu erkennen, was eigentlich meine Zahl war.

Diese Angst hatte ich nicht mehr, ich hatte nicht die Befürchtung, in der Millionenzahl von Pilgern verloren zu gehen.

Täglich fuhren wir mit dem Bus von Mina nach Mekka, um uns dort in den Strom der Pilger einzureihen, der die Kaaba umrundet. Eine von den Frauen hatte die Idee, wir sollten ein Erkennungszeichen schaffen, damit wir die Gruppe leichter wiederfinden konnten. Sie zerschnitt kurzerhand einen blauen Plastikmüllsack. Jede von den Frauen befestigte einen Schnipsel hinten an ihrem weißen Kopftuch, und so waren wir als Gruppe immer sehr gut wiederzufinden.

Wir lebten in dem Zelt auf sehr engem Raum zusammen. Wenn im Männerteil gegessen werden sollte, mussten vorher die Matratzen weggeräumt werden. Die Frauen mussten sich zu dritt zwei Matratzen teilen. Wenn eine sich umdrehen wollte, mussten die anderen in der Reihe sich auch umdrehen, so erzählte mir hinterher eine von den Schwestern. Alles in allem war das Zelt ein gemütliches Zuhause.

Das Ganze sehen

Etwas anderes machte mir mehr Schwierigkeiten, z. B. das Gedränge an der Kaaba. Einzelne Gruppen von jungen Männern liefen in ziemlichem Tempo um die Kaaba, und es ärgerte mich sehr, von ihnen angerempelt zu werden.
Die Pilger gehen alle in einer Richtung, im Gegenuhrzeigersinn, siebenmal um die Kaaba. Man beginnt an der Ecke, an der der schwarze Stein sitzt. In meinem Ärger dachte ich: »Wenn noch mal diese Gruppe von Rennern kommt, werde ich nicht ausweichen. Mal sehen, ob sie mich noch einmal anrempeln.« Schon kamen sie von hinten. Ich machte mich extra steif. Sie streiften rechts und links an mir vorbei, das Tuch wurde mir von der Schulter gerissen und fiel zu Boden. Ich erkannte noch rechtzeitig, dass es falsch wäre, sich zurückzuwenden um es aufzuheben, denn in dem Moment war an dieser Stelle ein sehr starkes Vorwärtsströmen, wie ein Sog. Es wäre gefährlich gewesen, sich

dagegen zu stemmen. Nach dem Tawaf nahm unser junger *Hadsch*-Führer sein Tuch von der Schulter und gab es mir.
Ich bekam also Gelegenheit über den Vorfall nachzudenken. Gewiss war es nicht richtig von den jungen Männern, derartig um die Kaaba zu rennen, jedenfalls nicht zu einem Zeitpunkt, wo es so voll war. Aber ich hatte keine Chance, sie ausgerechnet in diesem Moment zu erziehen. Und der Gedanke an die unverschämten jungen Männer hatte in mir den Gedanken an Allah verdrängt, das war nicht im Sinne der Pilgerfahrt. Kam es nicht darauf an, das Ganze zu sehen, darauf zu achten, dass alle Pilger möglichst ungehindert den Ritus vollziehen konnten? Oder besser gesagt, das Bewusstsein dafür zu entwickeln, dass es Einen gibt, der das Ganze sieht, wozu wir nicht imstande sind, und ohne Dessen Macht nichts geschieht.
Scheich Mohammed und unser *Hadsch*-Führer führten uns die Treppe hinauf in den ersten Stock. - Die Kaaba ist umgeben von einem freien Platz, und dieser wiederum ist eingeschlossen von einem zweistöckigen Gebäude mit zusätzlichem Platz für die Umrundungen und für das Gebet. - Dort im ersten Obergeschoss machten wir die zwei *Rakat* zu Ehren des Propheten Ibrahim. Als ich Scheich Mohammed fragte, warum wir nach oben gegangen seien, sagte er: »Hast du nicht bemerkt, dass viele Leute unten am Maqam Ibrahim die zwei *Rakat* beten und dadurch den Stau verursachen? Sie befolgen eine an sich gute Sitte und bewirken doch

etwas Schlechtes.« – Das war es: Indem einige dort stehen blieben, brachten sie den Strom der Pilger, die die Umrundungen vollzogen, zum Stocken.
Und wie war das mit dem Heiligen Stein? Es ist viel Segen darin, ihn möglichst oft zu berühren, aber der Segen geht verloren, wenn man andere verletzt oder kränkt, um an den Stein zu gelangen. Auch in diesem Punkte musste man »mit dem Ganzen gehen.« Ich hatte ihn einmal berührt und ich sah, dass er immer stark von Pilgern umdrängt wurde. Also begnügte ich mich mit dem einen Mal und grüßte danach den Stein aus der Entfernung, wenn ich eine neue Umrundung begann.
Nach der Pilgerfahrt erzählte mir eine Schwester: »Ich bin beim Tawaf längere Zeit hinter Scheich Mohammed gegangen. Niemand rempelte ihn an, niemand! Nicht dass er den anderen Pilgern ausgewichen wäre. Er ging nur beständig weiter mit seinem ruhigen, etwas schwer wirkenden Schritt.«

Das sind meine Schuhe

Es kam der Tag Arafat. An diesem Tag entfernt man sich, über Mina hinaus, noch weiter von Mekka und steht bis zum Sonnenuntergang auf der Ebene Arafat. Dieses Stehen symbolisiert das Stehen vor Allah im Jüngsten Gericht. Wir kamen etwas spät und bekamen kein Zelt mehr. Schließlich wurden zwischen zwei Zelten ein paar Planen als Dach gespannt, und so hatten wir auch unser Zelt. Auch hier wurden uns wieder die Dienste unseres arabischen Bruders zuteil: Es wurden alle unsere Matratzen gebracht, es kamen eisgekühlte Getränke und Obst, wir nahmen auf den Matratzen Platz und aßen Obstsalat – ein ziemlicher Luxus kurz vor dem Jüngsten Gericht.

Einen kurzen Moment hatte ich Zweifel, ob es wohl in Ordnung sei, diese Vergünstigungen anzunehmen. Ich hatte Bilder vor Augen, wie Männer und Frauen auf Arafat stehen, auf einem Felsen, in der prallen Sonne, die Männer ohne Kopfbedeckung, weil diese ja verboten ist. Einige halten einen Regenschirm über sich als Schutz vor Sonnenbrand. Es gibt solche Fotos. Aber wir? Uns wurde Erleichterung geschenkt, und wir nahmen sie an, und ich entschied mich, deswegen kein schlechtes Gewissen zu haben. Scheich Mohammed und unser *Hadsch*-Führer, ein junger Araber, gaben uns noch ein paar Erklärungen über die Bedeutung von Arafat und über die letzte Wallfahrt unseres Propheten Mohammed, Gottes Segen und Frieden sei mit ihm. Da fing in dem Zelt neben uns jemand an per Megaphon eine Ansprache zu halten. Scheich Mohammed sprach in seiner gewohnten Art ruhig und leise weiter. Ich empörte mich über den Sprecher auf der anderen Seite der Zeltwand. Wie konnte jemand hier so laut sprechen, als sei er allein da, ohne Rücksicht auf die Menschen in den anderen Zelten zu nehmen! Außerdem kam mir das, was er sagte, als leere Rhetorik vor. Die Sprache verstand ich nicht.

Ich suchte am Eingang unseres Zeltes, das eigentlich keines war, meine Sandalen. Ich hatte in Medina Sandalen gekauft, die bequemsten, die es gab, in der Vermutung, dass ich viel damit laufen müsste, - was dann ja auch zutraf. Die Sandalen waren schwarz, und es war mir nicht gelungen, sie zu markieren, was ich ursprünglich vorhatte. Ich fand meine Sandalen nicht. Ich beschloss: Für das kurze Stück kannst du dir mal eben ein Paar andere nehmen, der Eigentümer wird sie jetzt nicht benötigen. Ich nahm mir ein Paar hellblaue und ging zum Nachbarzelt. Es war ein großes Zelt, die Leute waren Bosnier, ganz überwiegend ältere Männer. Am Rande des Zeltes stand ein Mann und hielt eine Ansprache per Megaphon. Einige schienen zuzuhören, einige waren mit anderen Dingen beschäftigt. Ich fand schließlich einen Pilger, der etwas Englisch sprach, und bat, man möge Rücksicht nehmen, wir würden nebenan durch das Megaphon gestört. Der Mann antwortete mir, der Imam würde gleich aufhören, die Ansprache sei so gut wie zu Ende. Ich war nicht ganz sicher, ob ich mit meiner Intervention etwas Sinnvolles getan hatte, und suchte am Zelteingang nach den Sandalen. Es wurde mir heiß, aber nicht so sehr von der Sonne. Ich fand die geliehenen Sandalen nicht wieder!

Am Zelteingang gab es viele Sandalen, teils geordnet paarweise nebeneinander, teils durcheinander gewühlt. Auf einmal erkannte ich meine schwarzen Sandalen. Ich sah auf die Sohle: Es war meine Größe. Es gab kein zweites Paar von dieser Art. Hatte sie jemand nach hier verschleppt? Für mich stand fest: Das sind meine Sandalen. Ich zog sie an, und auf dem kurzen Weg zu unserem Zelt wurde ich von einem Mann aufgehalten: »Halt, das sind meine Schuhe.« – »Sind Sie sicher?« – »Ja, ich bin sicher, das sind meine Schuhe.« Mir blieb nichts übrig als sie ihm zu überlassen und durch den heißen Sand zu unserem Zelt zu huschen. Am Zelteingang hatten unsere arabischen Helfer einiges umgeräumt, Planen, Decken, Matratzen gestapelt, offenbar schon in Vorbereitung des Aufbruchs.

Ich hockte mich hin und schämte mich. Aber dann wollte ich doch etwas tun. Ich erzählte dem neben mir sitzenden Bruder, dass ich meine Sandalen nicht gefunden und außerdem noch ein paar fremde Sandalen verloren hatte. Er beruhigte mich: »Wir können davon ausgehen, dass hier niemand Sandalen stehlen will. Jetzt hat es keinen Zweck zu suchen, die Helfer haben umgeräumt. Gleich ist der Aufbruch, und wenn alles weggeräumt ist, wirst du deine Sandalen finden und das andere Paar auch. Und lass uns eine *Fatiha* sprechen, dass alles gut und leicht geht.«

Als alles weggeräumt wurde, kamen meine Sandalen unter einem Teppich zum Vorschein. Aber ein junger Mann aus unserer Gruppe, ein Franzose, suchte aufgeregt am Zelteingang herum. Ich bat ihn, mit zum Zelteingang der Nachbarn zu kommen, und dort standen seine hellblauen Sandalen brav nebeneinander. Ich erklärte ihm etwas mühsam, wie es dazu gekommen war, und bat ihn um Entschuldigung. Aber er war nur froh, seine Sandalen wiederzuhaben.

Die Steinchen sollten nicht zu groß sein

Scheich Mohammed sagte nach der Pilgerfahrt, einen Moment habe er im Voraus als kritisch angesehen, nämlich unsere Abreise von Arafat, bei dem gleichzeitigen Aufbruch von über zwei Millionen Pilgern.
Es ist nämlich so: Die Pilger warten in der Ebene Arafat bis zum Sonnenuntergang. Man betet aber dort nicht das Abendgebet, sondern begibt sich sofort auf den Weg zu dem Tal Muzdalifa. Das ist ungefähr fünf Kilometer von Arafat entfernt in Richtung Mekka. In Muzdalifa verbringen die Pilger die Nacht.
Für uns lösten mal wieder die orientalischen Brüder das Problem. In dem allgemeinen Aufbruch von über zwei Millionen Menschen ergatterten sie einen Bus und packten Matratzen und Wasserbehälter aufs Dach. Wir wurden dann mit dem Bus nach Muzdalifa gefahren.
Mir bot sich folgendes Bild: Ein breites schwach abfallendes Tal zwischen zwei Berghängen, am rechten Hang die sechsspurige Autobahn, auf der Autos und Busse nur im Stop and Go vorankamen, unterhalb davon, durch einen Zaun abgetrennt, der Bereich für die Pilger, die Eingänge wieder mit Nummern versehen. Wir gingen durch Tor 23. Bis weit hinunter sah man schon Menschen lagern, und es kamen immer

mehr. In Abständen Laternen und Toilettenanlagen. Wir belegten ein kleines Stück Feld nah an der Autobahn.

Als wir Abend- und Nachtgebet verrichtet hatten, ging es ans Steine-Sammeln. Man sagte uns, wir sollten neunundvierzig Steinchen sammeln, sieben für die Steinigung der großen Säule am Opferfest und je einundzwanzig für die Steinigung der drei Säulen an den zwei Tagen danach. Es stellte sich heraus, dass es nur drei große Plastiktüten gab für die Aufbewahrung der Steinchen, es entstand eine gewisse Unruhe, ob wir insgesamt auch genug Steinchen beisammen hätten, jemand startete eine Umfrage: Wie viel Steinchen hast du abgeliefert? Scheich Mohammed sah sich die Steinchen an und sortierte einige aus. Er erklärte: »Die Steinchen sollten nicht zu groß sein.«

Jemand sagte: »Ich wundere mich, dass immer noch Steinchen da sind, wenn jedes Jahr hier so viele Millionen aufgesammelt werden.« Ein anderer wusste: »Die Saudis sorgen dafür. Jedes Jahr nach der Pilgerfahrt bringen sie die Steinchen von den Säulen in Mina zurück nach Muzdalifa und verteilen sie hier auf dem Feld, mit großen Bulldozern.« Und wirklich, so sah es aus, Steinchen und Erde waren wohl mit Erdbewegungsmaschinen gleichmäßig verteilt worden.

Inzwischen waren die Matratzen auf unserem Feld ausgelegt. Man legte sich hin und versuchte auszuruhen oder zu schlafen. Es war nicht kalt. Gab es auch Decken? Ich weiß es nicht mehr. Jedenfalls habe ich

geschlafen, sogar relativ lange. Ich wurde wach und hatte das Dröhnen von der Autobahn in den Ohren. - Dieses Dröhnen hörte ich auch nach der Pilgerfahrt noch drei, vier Wochen lang. - Ich stand auf und ging abwärts zu einer Toilettenanlage, wusch mich und versuchte anschließend meinen steifen Körper wieder etwas beweglich zu machen.
Meine Frau erzählte mir nachher, sie habe das Tal Muzdalifa in wunderbarer Erinnerung. Sie habe die ganze Nacht auf ihrer Matratze gesessen, die Sterne betrachtet und das kilometerlange, erleuchtete Tal mit weißgekleideten Pilgern, liegend in Reih und Glied.

Muss ich noch einmal steinigen?

Am nächsten Tag kam der Aufbruch zu den Säulen von Mina. Wir gingen zu Fuß, und das fand ich sehr angenehm. Es war noch früh am Morgen und nicht heiß. Durch einen Fußgängertunnel unterquerten wir einen Hügel, dann waren wir an der großen Säule. Die Säule symbolisiert die Versuchung Ibrahims durch den Teufel. Allah hatte Ibrahim befohlen seinen Sohn zu opfern, und der Teufel suchte ihn davon abzuhalten. Ibrahim warf sieben Steine nach ihm und sagte siebenmal »Allahu akbar – Gott ist größer«. Diese Handlung wiederholen die Pilger.
Ich hatte Vorahnungen, dass dieser Teil der Pilgerfahrt mir schwer fallen würde.
Zwei Millionen Pilger vollziehen an einem Tag diese

Handlung. Man hat Vorkehrungen getroffen, damit dies überhaupt möglich ist. Man hat ein Gebäude errichtet, das einem Parkhaus ähnelt. Man hat hohe Säulen gebaut, die durch das Ganze hindurch ragen und so die Möglichkeit geschaffen, dass die Pilger sich auf zwei Ebenen den Säulen nähern.

Wir standen auf der unteren Ebene, und man hörte drinnen in dem Gebäude ein erregtes Summen, ich dachte: Ähnlich wie bei einem gereizten Bienenschwarm. Wenn man hineinblickte, sah man die Menschen sich drängen, und man sah einen Lichtschein an der Stelle, wo die Betondecken kreisrund ausgeschnitten sind, so dass die große Säule bis oben hindurch ragt.

Unsere Helfer bereiteten uns noch außerhalb des Gebäudes vor: Man nähert sich der Säule. Um die Säule herum ist ein Loch im Boden, umgeben von einer steinernen Brüstung. Man wirft siebenmal auf die Säule und sagt dazu »Allahu akbar.« Die Säule muss nicht unbedingt getroffen werden, aber der Stein muss in das Loch fallen, sonst ist der Wurf ungültig.

Nacheinander gingen wir in Fünfergruppen in das Gebäude, begleitet von zwei Helfern. Ich war in der ersten Gruppe. Als wir näher an die Säule herankamen, bemerkte ich eine aggressive Stimmung unter den Werfenden. Sie warfen von allen Seiten auf die Säule, auch von der gegenüberliegenden Seite, und es herrschte ein Gedränge. Die Helfer zeigten uns, wir sollten uns ducken, denn von hinten warfen Leute über

uns hinweg auf die Säule. Ich warf den ersten Stein und sagte »Allahu akbar«, dann die restlichen. Dann drehte ich mich um und richtete mich auf. In dem Moment wurde ich von einem Steinchen an der Stirn getroffen. Ich erschrak, und unsicher eilte ich zurück. Es tauchten Zweifel in mir auf: Hast du etwas falsch gemacht? Hast du auch jedes Mal »Allahu akbar« gesagt oder es vielleicht einmal vergessen? Muss ich deswegen noch einmal steinigen? Ich fragte mich, ob es vielleicht eine krankhafte Neigung sei, die eigenen Handlungen nachträglich so in Zweifel zu ziehen. Ich sagte zu mir: Du hast die klare Absicht gehabt, die Steinigung zu vollziehen, und Allah kann diese Handlung von dir annehmen, auch wenn du einen kleinen Fahler gemacht haben solltest. Und wer weiß, ob du beim nächsten Mal wirklich alles richtig machst? Zur Sicherheit bat ich noch meine Scheichs, sie sollten es mir deutlich zeigen, wenn ich die Steinigung wiederholen sollte, aber sie zeigten mir nichts.
Wie gesagt, nicht allen aus unserer Gruppe fielen die gleichen Handlungen schwer. Eine Schwester erzählte: »Ich musste kurz vor dem Steinigen meine Brille abnehmen, wegen der Verletzungsgefahr. Dadurch konnte ich nicht sehen, ob meine Steinchen in das Loch fielen. Ein Bruder blieb neben mir stehen und sagte bei jedem meiner Würfe: Getroffen. Ich war ihm sehr dankbar für diese Hilfe, um die ich ihn nicht gebeten hatte.«

Duschen mit Zamzam-Wasser

Als wir alle das Werfen beendet hatten, hatte ich mich beruhigt. Wir fuhren mit dem Bus zur Kaaba, um den Abschluss-Tawaf zu machen, die Abschluss-Umrundungen. Wir traten durch den großen Säulengang auf den Marmorplatz und erblickten die Kaaba, behängt mit dem schwarzen Tuch, das an einigen Stellen ein wenig hochgezogen war. Mir wurde bewusst: Heute ist ein Fest, das Opferfest! In einer Hochstimmung vollzog ich die sieben Umrundungen. Danach, das wusste ich, war das Wesentliche des *Hadsch* vollendet. Wir Männer hätten die beiden weißen Tücher ablegen können, wenn wir Kleidung zum Wechseln dabei gehabt hätten.

Aber ich wollte mir als Belohnung etwas anderes gönnen.

Der innere Platz der Heiligen Moschee: Ein großer Marmorplatz, die Steine von unten durch ein Wasserrohrsystem gekühlt, so dass man auch bei Sonne ohne Probleme barfuß darüber laufen kann, in der Mitte der große Würfel der Kaaba, daneben, winzig, der Maqam Ibrahim, wie eine kleine Kapelle, und an einer Stelle, man sieht es nicht sofort, führt eine Treppe abwärts zum Brunnen Zamzam.

Unglaublich war für mich immer, welche Mengen von Wasser hier mitten in der Wüste fließen.

Wenn man die Treppe hinunter geht, findet man dort Wasserkräne, wo man Wasser trinken kann, Toiletten

und Anlagen, wo man die rituelle Waschung vollziehen kann, und sogar Duschen. Duschen unter dem Platz der Kaaba! Das wusste ich.
Ich fragte unseren *Hadsch*-Führer: »Haben wir jetzt so viel Zeit, dass ich duschen kann?« – »Aber du hast doch keine Kleidung zum Wechseln bei dir.« – »Das macht nichts, ich möchte nur duschen.« – »Okay.« Ich ging die Treppe hinunter, ich musste mich in eine Schlange einreihen, dann konnte ich duschen, und als ich wieder hinaufkam, fühlte ich mich sauber, erfrischt, glücklich. Wir fuhren nach Hause, das heißt in unser Zelt, in dem wir eine Nacht nicht gewohnt hatten.

Lasst euch nicht beirren!

Am Nachmittag kam ein junger Mann in unser Zelt, offenbar ein Sudanese, ein Sänger, wie es hieß. Er setzte sich und begann zu singen, *Cassidas* von Maulana Scheich Mohammed Osman, für mich so ergreifend, wie ich es noch nicht erlebt hatte. Er sang Solo-Gesänge mit freier Melodie und zeigte mit Gesten die Bedeutung seiner Worte an. Ein deutscher Sänger setzte sich neben ihn, und sie sangen abwechselnd, mal einzeln, mal zusammen. Ich saß mit meinem Freund den Sängern gegenüber und war glücklich. Der Gesang steigerte sich, es wurden Leute von außerhalb aufmerksam. Einige guckten zwischen Zeltdach und Zeltwand hindurch, einige erschienen am Zelteingang und fragten, ob sie eintreten dürften.

Auf einmal standen ein Polizist mit Motorradhelm und ein Saudi mit dem Saudi-Turban aus dem bekannten rot-weiß-gewürfelten Stoff im Zelteingang. Beide blickten feindlich. Mein Freund neben mir blickte auch hin, und wir hatten wohl die Erwartung, das Singen würde jetzt verboten werden. - Die Saudis, die Herrscher in Arabien, sind *Wahabiten*. Sie verbieten islamische Orden und verfolgen sie, sie verbieten lauten *Dhikr* und religiöse Gesänge, sie verbieten Heiligenverehrung.

In dem Moment machte der Sänger, es war der mit den sprechenden Gesten, uns beiden ein Zeichen. Er zeigte mit den Fingern der Hand nach unten. Das hieß, wir sollten nicht zur Tür blicken und die Gefahr dadurch nicht vergrößern, wir sollten mit unserer Aufmerksamkeit bei dem Lied bleiben. Am Rande meines Gesichtsfeldes bemerkte ich, dass Scheich Mohammed zum Zelteingang ging. Der Sänger bzw. beide Sänger ließen sich nicht beirren. Es kamen noch mehr Gäste in unser Zelt. Es war eine beglückende, von Liebe und Freundschaft getragene Stimmung. Zum Schluss kam noch eine Gruppe von fünf deutschen Pilgern. Sie wohnten sozusagen nebenan, und wir hatten sie bisher nicht bemerkt. Sie konnten auch ein islamisches Lied singen und gerne steuerten sie dieses Lied bei.

Später, als wir wieder in Deutschland waren, fragte ich Khalid, einen unserer Helfer, nach den beiden Männern, die da am Zelteingang aufgetaucht waren. Er vermutete ebenso wie ich, dass sie starke Vorbehalte gegen das Singen hatten und es vielleicht am liebsten unterbunden hätten, aber, so sagte er, dazu waren sie nicht befugt. Ihre Aufgabe sei es für Ordnung zu sorgen. Sie seien nicht befugt, die religiöse Praxis ausländischer Muslime zu reglementieren. Gegenüber Gästen müsse man tolerant und großzügig sein.

Blumen zu ihren Füßen

Es folgten noch zwei Tage in Mina, an denen man zu den Säulen geht zum Steinigen. Es gibt drei Säulen: Die kleine symbolisiert die Versuchung Ismaels durch Scheitan, Allahs Befehl nicht zu gehorchen, die mittlere die Versuchung seiner Mutter Hagar, die große die Versuchung Ibrahims. Man beginnt bei der kleinen Säule und endet bei der großen. Wir waren mit neunundvierzig Personen eine ziemlich große Gruppe, und damit alles reibungslos vonstatten ging, trafen wir folgende Absprache: Die jungen kräftigen Männer bildeten einen Ring außen und schufen eine Schutzzone für die Frauen. Ein älterer Mann wurde auch nach innen geschickt.

Auf diese Weise ging alles ziemlich leicht.

Wenn man am zweiten Tag die Steinigung der drei Säulen vollzogen hat, und zwar in der Zeit zwischen Mittagsgebet und Abendgebet, dann darf man die Zeltstadt Mina verlassen. Viele Pilger versuchen am zweiten Tag die Zeremonie möglichst früh hinter sich zu bringen, und die Zeltstadt war schon mittags fast menschenleer. Wir gehörten zu den letzten. Wir vollendeten den Ritus und gingen dann zu Fuß über die Grenze, ja, über die Grenze, die den Übergang vom Bereich Mina in den Bereich Mekka bedeutet. Danach gratulierten uns die Begleiter, und wir alle gratulierten uns gegenseitig. Es war geschafft!

Es gibt ein Foto von dieser Situation der Erleichterung. Mehrere Schwestern sitzen auf dem Bordstein am Straßenrand, ihre Gesichter strahlen. Blumen liegen zu ihren Füßen. Das sah ich jedenfalls auf dem Foto, als in Deutschland in der Zauwiya die Fotos vom *Hadsch* herumgereicht wurden. Als ich das Foto dann endlich selbst in der Hand hatte, erkannte ich, es waren leere Milchtüten, die da auf der Straße lagen. – Die Milch, eine Spende reicher Muslime für die Pilger. Aber ich bleibe dabei: Blumen hatten sie wirklich verdient, die Schwestern.

Noch am Abend wurden wir mit dem Bus zur Kaaba gefahren und machten den Abschieds-Tawaf. Wir wurden nach Dschidda gefahren und verbrachten die Nacht im Haus eines Bruders. Am nächsten Morgen flogen wir nach Khartum zu Maulana Scheich Ibrahim. Um das Zelt, um die Matratzen, um gar nichts mussten wir uns kümmern. Alles nahmen uns die Brüder aus der *Tariqa* ab.

In Khartum wurden wir von Maulana Scheich Ibrahim empfangen und gefragt: »Any difficulties at *Hadsch*? – Irgendwelche Schwierigkeiten bei der Pilgerfahrt?« Eine Schwester antwortete: »Maulana, sehr gute

Schwierigkeiten.« Sie meinte offenbar die kleinen Probleme, die jeder einzelne zu lösen hatte, kleine Prüfungsaufgaben auf dem Weg zu Allah. Erinnerungen an Unerledigtes, Unangenehmes, das wir noch in diesem Leben erledigen sollen.
Mir war klar: Wir Europäer hatten es sehr leicht gehabt, jedenfalls verglichen mit vielen Menschen aus armen Ländern. Da gab es alte Leute, die kein Zelt hatten und auf dem Boden schliefen, viele Leute aus Innerasien, die mit umgebauten LKWs eine wochenlange Reise nach Mekka unternommen hatten. Wir *Burhanis* aus Europa waren bevorzugt.

Die Temperaturschleuse

Die *Hauliya* 1998 in Khartum. Es war ungewöhnlich heiß, über die Maßen. Wir litten unter der Hitze, außerdem spürten wir die Erschöpfung von der Pilgerfahrt. Fast alle waren krank. Trotzdem war es schön, bei Maulana Scheich und am *Maqam* zu sein. Meine Frau war sehr erschöpft. Scheich Mohammed sorgte dafür, dass wir bei einer ihm befreundeten Familie untergebracht wurden.
Es kam der Tag der Rückreise. Wir sollten am Montag früh in Khartum starten und nach kurzem Aufenthalt in Kairo abends in Frankfurt landen. Der Start des Fliegers verzögerte sich; es wurde hell, es wurde heiß und heißer. Immerhin waren wir im Flughafen in einer klimatisierten Zone. Nach stundenlangem Warten wur-

den wir mit dem Bus zu einem Hotel gefahren. Jemand bemerkte während der kurzen Fahrt: »Backofen mit Umluft.« Wir kamen ins Hilton Hotel, und zu unserer Überraschung wurden uns Doppelzimmer zugewiesen. Die meisten nahmen das sehr dankbar an. Ich legte mich hin und schlief sofort: Wunderbar, nach so viel Hitze in einem klimatisierten Zimmer zu schlafen. Uns wurde ein Essen serviert, dann wurde wieder gewartet. Spät am Abend Fahrt mit dem Umluft-Bus zum Flughafen, Flug nach Kairo, Unterbringung im Hotel. Am nächsten Morgen angenehme Mittelmeer-Temperatur in Kairo. Wir hatten Zeit, die Moscheen von Saidnal Hussein und Saida Zainab zu besuchen. Die meisten von uns sahen wieder frischer aus. Jemand sagte: »Maulana Scheich hat uns durch die Temperaturschleuse geschickt.« Dann, einen Tag verspätet, der Rückflug nach Frankfurt. In Frankfurt war es natürlich noch etwas kühler als in Kairo.

Hier ist auch Hadsch

Maulana Scheich Mohammed Osman hat keine Pilgerfahrt nach Mekka gemacht. Mehrmals hat er die Vorbereitungen getroffen, niemals kam es dazu, dass er tatsächlich gehen konnte. Als er schon sehr krank war, ging sein Sohn Ibrahim zur Pilgerfahrt. Ein Bruder wollte unbedingt zusammen mit dem Sohn des Scheichs die Pilgerfahrt machen. Maulana Scheich Mohammed Osman schickte den Bruder vorher mit einem Auftrag in eine andere Stadt. Als er zurückkam, war die Pilgergruppe mit dem Sohn des Scheichs schon abgereist. Der Bruder war sehr traurig. Maulana Scheich Mohammed Osman legte seine Hand auf das Herz und sagte: »Hier ist auch *Hadsch*.«

Mein Diener nähert sich Mir

Das Folgende habe ich Vorträgen entnommen, die Scheich Hussein gehalten hat; ich habe die Sätze neu zusammengestellt, zum Teil den Wortlaut leicht verändert.

Tariqa heißt »Pfad«. Das Ziel der Reise ist Allah, das Zusammensein, die Verbindung mit Allah. »Die auf der Reise zu Allah sind, unter ihnen gibt es die nahen, auserwählten Heiligen, ihr Weg ist kurz und hart. Und es gibt ihre Schüler, die reisen etwas länger, dafür aber leichter.«

Der Mensch trägt den ganzen Kosmos und alles, was göttlich ist, schon in sich, auch das innere Wissen über Vergangenes und Zukünftiges. Das heißt, dass auch die Himmelsreise in mir selbst stattfindet. Der Mensch ist so ausgestattet, dass er die Reise zu Allah machen kann. Aber es muss der feste Wille vorhanden sein und die nötige Vorbereitung muss stattfinden.

Damit all das sich entfaltet, was der Mensch von Allah bekommen hat, braucht es die Liebe und die Vermeh-

rung des Gebetes. Der Koran fordert immer wieder zum Gottesgedenken auf:
Und wenn ihr das Gebet verrichtet habt, so gedenket Allahs im Stehen, Sitzen und Liegen. (4:103)
Und gedenke deines Herrn in deiner Seele in Demut und Furcht, ohne laut vernehmbare Worte am Morgen und am Abend. (7:205)
Wahrlich, im Gedenken Allahs finden die Herzen Ruhe. (13:28)
O die ihr glaubt! Gedenkt Allahs in häufigem Gedenken! (33:41)
Das Herzensgebet, das ständige Gedenken Allahs im Herzen, ist eine Stufe auf der Reise zu Allah. Wenn das Herz achtsam ist, ist es wie ein Schäfer, der über seine Herde wacht: Dann sind alle Sinne ebenfalls konzentriert und gesammelt.

Wähle gut die Liebe, für die du sterben willst

Im Sufismus gibt es den Weg über die Einsamkeit und den Weg über die Gemeinschaft. Maulana Scheich Mohammed Osman hat für seine Schüler den Weg über die Gemeinschaft gewählt
»Der Gläubige ist der Spiegel des Gläubigen[24].« Die Fehler, die wir bei ihm sehen, sollen wir zuerst bei uns selbst bekämpfen. Wir sollen lernen, niemals einen Menschen abzulehnen, nur seine Fehler. Wir sollen

Geduld lernen, Geduld mit anderen und auch mit uns selbst. Wir sollen unsere Ichbezogenheit überwinden. Gewöhnlich lieben wir Menschen uns selbst über alles. »Wir lieben euch Scheichs, weil wir gesehen haben, dass wir uns selbst über alles lieben. Um uns zu retten vor dieser egoistischen Liebe und um emporzusteigen in der Liebe, haben wir begonnen euch zu lieben und den Propheten Mohammed,« heißt es in einem Sufivers. Wir lieben jemanden, der so rein ist in seinen Absichten, dass wir ihn ohne Vorbehalte, mit voller Hingabe lieben können. Wir sind sicher, dass wir in unserer Liebe und Hingabe nicht betrogen werden. »Was du so liebst, das tötet dich. Drum wähle gut die Liebe, für die du sterben willst.«
Die Liebe ist sehr schwer. Die Liebe kommt von Allah. Er schenkt sie denen, die bereit sind sie anzunehmen. »Es gibt keine Macht noch Kraft außer der von Allah[25].« Maulana Scheich Mohammed Osman erklärt diesen oft zitierten Satz so: Es gibt keine Macht, die uns von den Sünden abhält, außer Allahs Macht, und es gibt keine Kraft, die uns hilft Allah zu gehorchen und Gutes zu tun, außer Allahs Kraft.

Allah hat Sehnsucht nach dir

In der Nacht der Himmelsreise kam der Engel Gabriel zum Propheten Mohammed, Gottes Segen und Frieden sei mit ihm, und sagte: »Allah hat Sehnsucht nach dir.« Dann führte er ihn von Mekka nach Jerusalem und von dort durch die sieben Himmel bis zu dem Ort über dem Thron Allahs, dorthin, wo es keinen Ort, keine Richtung und keine Zeit mehr gibt. Der Prophet Mohammed, er allein, näherte sich Allah... Und Allah hat gesagt: »Wenn Mein Diener Mir eine Handspanne entgegengeht, dann komme Ich ihm eine Elle entgegen[26]...«

In dieser Nacht wurde das Gebet für die Muslime zur Pflicht gemacht. Wir Muslime folgen unserem Propheten, indem wir im Gebet die Worte wiederholen, die damals gesprochen wurden:

»Aller Lobpreis, alle guten Taten und alle guten Gebete sind für Gott.«

»Friede sei mit dir, o Prophet, und die Barmherzigkeit Gottes und Sein Segen.«

»Der Friede sei mit uns und mit den aufrichtigen Dienern Gottes.«

Anmerkungen

Maulana Scheich Mohammed Osman sagte, das Wort „Sufi" sei abgeleitet von Safa – Reinheit. Im allgemeinen Sprachgebrauch versteht man heutzutage darunter nicht nur die „reinen Diener", sondern auch ihre Schüler, die auf dem „Weg" zur Reinheit sind. (Annemarie Schimmel, Sufismus, München: Beck, 2000) Eine besonders strenge Auslegung des Begriffes „Sufi" findet sich in „Die Lebensweise der Könige", übersetzt von R. Gramlich, Stuttgart 1993.

1 Eine genaue Entsprechung habe ich im Koran nicht gefunden. Aber die Stellen Sure 9:128 und Sure 55:13-76 klingen ähnlich.

2 Imam an-Nawawi, Riyad-us-Salihin – Gärten der Tugendhaften, 1. Auflage, München 2002, Band 2, Seite 495 (arabischer Text)

3 Im Arabischen spricht man das „h" von „ahlan" als Hauchlaut.

4 Sabier: vermutlich eine Täufergemeinde, vielleicht Nachfolger von Johannes dem Täufer (Vg. The Holy Qur'an, herausg. v. Abdullah Yusuf Ali, S. 33)

5 Ali Zain al Abidin, Tag al Auliya wal Auliya, S. 174, 189, 199. Maulana Scheich Mohammed Osman betonte, dass jeder Heilige einem Propheten folgt und die göttlichen Gesetze respektiert. Wenn jemand das nicht tut, entlarvt er sich als Betrüger.

6 Die fünf Säulen des Islam sind: Glaubensbekenntnis,
Gebet, Armensteuer, Fasten, Pilgerfahrt.

7 An-Nawawi, Hadith 6

8 An-Nawawi, Hadith 38

9 Imam al Ghazali, Ihiya Ulumidin, Beirut (Dar al Kutub al Ilmiya), o. J., Band 4, S.342

10 Vgl. Scheich Muzafir Ozak, Der Wein der Sufis, S. 39

11 Ibn Arabi, Inscha' addawa' ir, Port Said 1998, S. 112 und Imam al Ghazali, Ihiya Ulumidin, Beirut, Band 4, S. 395

12 Vergleiche Pir Vilayat Khan, Musik, Berlin 1983, S. 16

13 Vergleiche Maulana Scheich Mohammed Osman, Cassida 12, 1

14 Musnad Imam Ahmad, Nr. 8595, in: Hadith Sharif Enzyclopädie, 1. Aufl. 2000, CDROM, arabisch. Es scheint mir zulässig zu sein, die Worte „der Geschöpfe Allahs" hier einzufügen, denn das Wort „chuluq –Charakter" ist verwandt mit dem Wort „chalq – Geschöpf". Die edlen Charaktereigenschaften sind also durch den Schöpfer in seine Geschöpfe – vor allem in den Menschen – hineingelegt worden.

15 Die verblüffenden Weisheiten und Späße des unübertrefflichen Mullah Nasreddin, Gesammelt von Idries Shah, Reinbek bei Hamburg, 1973

16 Vergleiche Annemarie Schimmel, Mystische Dimensionen des Islam, S. 164

17 Goethe, West-östlicher Diwan, Talismane

18 Das ist der Kern der Schahada und des Sufismus. Vgl. Kapitel I, Was ist Sufismus? Zur Schahada gehören noch die Worte „aschhadu an – ich bekenne."

19 Platon, Theaitetos 150 b

20 Platon, Menon 81 d

21 Koran 2:275-278 sowie 3. Mose 25, 36-37 und 5. Mose 23, 20-21

22 Die Überschrift spielt an auf das berühmte Wort von Blaise Pascal: „Das Herz hat seine Gründe, die die Vernunft nicht kennt." (Pensées, 28, ed. Flammarion)

23 Sahih Al-Buchari Nr. 1435 und 7405

24 Sunan Abi Da'ud, Nr. 4272, in: Hadith Sharif, s. Anm. 14

25 Sahih Al-Buchari 6409

26 Sahih Al-Buchari 7405, Motto zu Kapitel V

Koran-Stellen und Hadithe

Für die Koran-Zitate habe ich folgende Koran-Übersetzungen benutzt:
Die ungefähre Bedeutung des Al-Qur'an Al-Karim in deutscher Sprache von Muhammad Ahmad Rassoul, 3. Auflage, Köln 1988;
Der Koran, München (Heyne), 1992
The Holy Qur'an, Text, Translation and Commentary by Abdullah Yusuf Ali, (Lahore 1934) Jeddah 1946.

Für den Nachweis der Hadithe habe ich verschiedene Quellen benutzt, an erster Stelle:
An-Nawawi, Vierzig Hadithe, Köln, 1996
Außerdem:
Auszüge aus Sahih Al-Buchari, 8. Auflage, Köln 1996
Hadith Sharif Enzyclopädie, 1. Auflage 2000, o.O., CDROM, Global Islamic Software Company, arabisch.
Imam an-Nawawi, Riyad-us-Salihin – Gärten der Tugendhaften, 1. Auflage München 2002

Frau Sitana Abdurrahman, Herr Anwar Mahgoub, Herr Abdul Qadir Adam, Herr Mohammed Abdurrahman, Herr Youssef Oukich, Herr Abdurrahim Ouazzi, Herr Haitham Taha und Herr Franco Klemm haben mir bei der Suche nach den Hadithen geholfen und einige Stellen neu übersetzt

Glossar

Aurad	Pluralwort („die Aurad“): bestimmte Koran-Verse und Gebete, von den Sufi-Schülern häufig wiederholt
Aya, Plural *Ayat*	Teil einer Sure, Koran-Vers
Ayat al Kursi	Der „Thron-Vers“ aus dem Koran, Schutzgebet
Burhani	Mitglied der Tariqa Burhaniya
Burhaniya	Kurzform für: Tariqa Burhaniya Di suqiya Schadhuliya
Cassida	Gereimtes Gedicht religiösen Inhalts
Chulwat	Rückzug von der Welt; in anderen Sufi-Orden, nicht in der Burhaniya praktiziert
Dhikr	Gedenken, Erinnern, Wiederholen der Namen Allahs
Fatiha	Die „Eröffnende“, die erste Sure

Fundament Der Teil der Aurad, der morgens und nachmittags als erster gelesen wird

Ghalabia Langes Gewand der Männer im Ori ent

Hadith Überlieferung von Taten und Aus sprüchen des Propheten Moham med, gesichert durch eine Überliefe rungskette, die bis in die Zeit des Pro pheten Mohammed zurückreicht

Hadra „Anwesenheit"; gemeinsamer Dhikr der Sufi-Schüler

Hadsch Pilgerfahrt nach Mekka im Monat Dhul Higga

Islam Hingabe (an den Einen Gott); An fangsstufe der Religion

Maqam Grabmal; auch: Stufe und Rang eines Heiligen

Raka Gebetseinheit aus Körperstellungen und Worten; die 5 täglichen Gebete haben 2, 3 oder 4 Rakat

Schahada Das islamische Glaubensbekenntnis: „Ich bekenne, dass es keine Gotthei ten gibt außer Gott, und ich bekenne, dass Mohammed der Gesandte Gottes ist.“

Scharia Weg, Straße; die Regeln und Vor schriften der Religion

Tariqa „Weg“, „Pfad“; Plural „Turuq“; die Mitglieder einer Tariqa folgen einem Scheich, der durch eine Überliefe rungskette mit dem Propheten Mo hammed verbunden ist

Umra kleine Pilgerfahrt, die jederzeit mög lich ist, im Gegensatz zum Hadsch, der großen Pilgerfahrt

Wahabiten Anhänger einer Anschauung im Islam, die den Koran nur wörtlich verstehen will und die Verehrung des Propheten Mohammed und der Hei ligen verbietet; vor allem in Saudi-Arabien verbreitet

Zauwiya Versammlungsraum einer Tariqa; Sufi-Zentrum

Personenverzeichnis

Hadscha	Ehrentitel für eine Frau, die den Hadsch gemacht hat
Hadscha Zainab	Die Frau von Maulana Scheich Mohammed Osman
Imam	Vorbeter
Imam al Schafi'i	Begründer einer der vier islamischen Rechtsschulen
Imam ibn Hanbal	Begründer einer der vier islamischen Rechtsschulen
Maulana	„unser Meister“
Maulana Scheich Ibrahim	Sohn von Maulana Scheich Mohammed Osman, führte die Tariqa von 1983 bis zu seinem Tode am 22. 10. 2003
Maulana Scheich Mohammed	Sohn von Maulana Scheich Ibrahim, seit Oktober 2003 der Scheich der Tariqa Burhaniya

Maulana Scheich Mohammed Osman	geb. 1902 in Wadi Halfa (Sudan), gest. 1983 in Khartum; Begründer bzw. Wiedererwecker der Tariqa Burhaniya
Saida	Herrin
Saidatina	unsere Herrin
Saidatina Fatima	(unsere Herrin) Fatima, Tochter des Propheten Mohammed
Saida Zainab	(unsere Herrin) Zainab, Tochter von Saidatina Fatima, Schwester von Saidnal Hassan und Saidnal Hussein
Saidna	Kurzform für Sayidina: unser Herr
Saidna Ali	(unser Herr) Ali, der vierte Khalif, Schwiegersohn des Propheten Mohammed
Saidna Da'ud	(unser Herr) David
Saidna Gibrail	Der Erzengel Gabriel

Saidna Isa	(unser Herr) Jesus
Saidnal Hassan	(unser Herr) Hassan, Sohn von Saidatina Fatima, Enkel des Propheten
Saidnal Hussein	(unser Herr) Hussein, Sohn von Saidatina Fatima, Enkel des Propheten
Saidna Musa	(unser Herr) Moses
Saidna Osman	(unser Herr) Osman, der dritte Khalif
Salah Eid	Ägypter, geboren 1936, gestorben 1982, gab zahlreichen Burhanis die erste Einführung in Sufismus und Islam
Scheich	Bei den Sufis der Führer einer Tariqa; sonst im Sinne von „Chef" oder „Herr"
Scheich Hussein	Sohn von Maulana Scheich Mohammed Osman, jüngerer Bruder von Maulana Scheich Ibrahim

Sidi	Kurzform: Herr
Sidi Abul Hassan al Schadhuli	Onkel von Sidi Ibrahim al Quraschi al Disuqi und Mitbegründer seiner Tariqa, geb. 1197 in Schadhula bei Tunis, gest. 1258 in Humaisara, Zeitgenosse von Franz von Assisi (1181 – 1226), Friedrich II. von Staufen (1212 – 1250) und Thomas von Aquin (1225 – 1274)
Sidi Ahmad al Badauwi	Begründer der Tariqa Ahmadiya, geb. 1200 in Fes (Marokko), gest. 1277 Tanta (Ägypten)
Sidi Ibrahim al Quraschi al Disuqi	Begründer der Tariqa Burhaniya, geb. 1236 in Disuq, gest.1297 in Disuq
Sidi Musa Abul Umran	Bruder und Nachfolger von Sidi Ibrahim al Quraschi al Disuqi
Sokrates	Griechischer Philosoph, von den Sufis sehr verehrt, geb. 470 v. Chr., gest. 399 v. Chr.

Über die Verehrung des Propheten Mohammed und der Heiligen

Zunächst habe ich den Sufismus und die Scheichs gefunden, und durch ihre Führung habe ich gelernt, den Propheten Mohammed zu verehren und zu lieben. Wir Sufis lieben den Propheten Mohammed, und aus Verehrung fügen wir seinem Namen hinzu: „Sall-Allahu alaihi wa sallim" – „Gottes Segen und Frieden sei mit ihm". Aus Höflichkeit nennen wir seine Angehörigen mit Ehrentiteln, z. B. Saidatuna Fatima - unsere Herrin Fatima - und Saidna Ali – unser Herr Ali. „Ohne die Liebe zu ihnen – den Angehörigen des Propheten Mohammed – im Herzen und im Innersten des Herzens hat niemand die Süße des Glaubens geschmeckt." (Cassida 2, 16) Ohne den Sufismus hätte ich den Islam nicht als meine Religion annehmen können.